Jürgen Todenhöfer
Ich denke deutsch

JÜRGEN
Todenhöfer

Ich denke
DEUTSCH

Abrechnung mit
dem Zeitgeist

STRAUBE

CIP-Titelaufnahme der Deutschen Bibliothek

Todenhöfer, Jürgen Gerhard:
Ich denke deutsch: Abrechnung mit dem Zeitgeist /
Jürgen Todenhöfer. – Erlangen; Bonn; Wien: Straube, 1989
ISBN 3-927491-12-8

Meinen Eltern Edith und Werner Todenhöfer in Dankbarkeit gewidmet

Inhalt

VORWORT

Wer in die Politik geht, will auch schreiben. Er will ein Buch schreiben. Kaum einer kommt jedoch dazu.

Nach dem Rechtsruck und der rot-grünen Regierungsübernahme in Berlin und Frankfurt Anfang 1989 und nach dem Einzug der Republikaner ins Europäische Parlament am 18. Juni 1989 war mir klar:

Schreiben ist Gold, weil schwarz auf weiß nachlesbar. Reden ist Silber. Schweigen ist tödlich. Also schrieb ich.

Meine Sorge: Mit den Republikanern am rechten Rand und mit der rotgrünen Alternative linksaußen gewinnen Kräfte im Land die Oberhand, die die Stabilität unserer jungen Demokratie massiv gefährden. Das Wegdriften von der demokratischen Mitte zeigt:

Der Bürger sieht hier keine Ziele mehr. Er hat das Vertrauen in die politische Mitte verloren. Wo er Ziele, Werte und Imagination sucht, trifft er auf Anpassung, Zeitgeist und Phrasen, hinter denen sich Orientierungslosigkeit und Kommerzialismus verstecken. Er entdeckt: Mitte ist häufig nur Mittelmäßigkeit.

Die CDU kann das Blatt wenden. Wenn sie wieder führt, statt dem Zeitgeist nachzulaufen. Sie hat entscheidend mitgewirkt, aus dem zerbombten und zertrümmerten Nachkriegsdeutschland ein blühendes Land zu machen. Sie hat die geistige und personelle Substanz, um unser Land sicher ins Jahr 2000 zu führen. Sie hat vor allem eine gesunde Parteibasis. Langfristig setze ich voll auf die CDU-Basis.

Vorerst jedoch herrscht Orientierungslosigeit. Bei der SPD noch mehr als bei der CDU. Von den anderen Parteien ganz zu schweigen.

Dieses Buch will daher Orientierung geben, Wegweiser aufstellen. Der Bürger will wissen, wo es lang geht. Ich sage, wo es lang geht.

Bonn, im Juni 1989   Jürgen Todenhöfer

LEITGEDANKEN

– Keine Angst vor großen Zielen –

Ich schlafe bei offenem Fenster. Die Sonne geht auf. Das Gezwitscher der Vögel weckt mich. Ich schalte den Südwestfunk ein. Mir wird schon beim ersten schlaftrunkenen Hinhören klar: Das konnten gar keine Vögel gewesen sein, die mich weckten. Vögel fallen tot von sauren Bäumen.

Diese Welt ist kaputt, schmettern die elektronischen Angsttrompeten von Jericho aus allen Ecken und Enden. Wir jagen Ausländer – tönt das Radio. Ich bin mit einer Französin verheiratet, unsere Kinder sprechen deutsch wie französisch. Ausländerhaß ist für mich krimineller Schwachsinn. Aber das Radio sagt es anders. Ich muß mich also irren.

Alles ist anders, als wir meinen und fühlen. Unsere Gedankenwelt wird systematisch durch die veröffentlichte Meinung verdrängt. Ganze Redakteurs-Brigaden treten jeden Montagmorgen zur Befehlsausgabe vor den Kiosken des Spiegel an: Hier – und nicht in Bonn – wird Order gegeben, was wir diese Woche denken dürfen, was Sache ist, sofern die radioaktive Molke etwas von uns übriggelassen hat. Hier heißt es Helm ab zum Gebet: »Unseren atomaren Horror gib uns heute.«

CDU-Nachtschwarz und SPD-Morgenrot. Südafrikas Rassenhaß und Chiles-Polizeiterror. Im Gegenprogramm Gorbatschow, der Glasnost-Erlöser als letzter Hoffnungsträger einer Welt mit Trauerrand. Und hier wird unterschlagen, was nicht ins Zerrweltbild paßt. Verschweigen als Superhit der Gängelei.

Der Grips wird an der Garderobe dieser Kioske abgegeben. Eigene Gedanken sind out. Kampagnen sind in. Das Geschäft der Meinungsmache mit vorgegebenen Strategie-

Themen, Denk-Mustern, Agitations- und Propagandakampagnen blüht. Selbst noch aus dem Bildschirm blinzelt uns allabendlich Hajo Friedrichs mit eisgrauem Blick die strategischen Polit-Suggestionen aus den Spiegel-Schlagzeilen zu.

Und die Politik? Die Politik schaut richtungslos zu. Richtungslos, hilflos, meinungslos, bodenlos. Geistige Führung? Fehlanzeige. Die Union hastet dem gespenstischen Zeitgeist hinterher, der sie hämisch auslacht. Sie paßt sich an, wo alles angepaßt ist.

Die Sozialdemokratie entmannt sich politisch im spätmarxistischen Dogmenwahn, streicht dem Volk rosaroten Hoffnungsquark auf die Pausenstulle und kokettiert, längst impotent, mit jenen selbsternannten Giftpropheten und ökomanischen Hiobskündern, die wenig von Ökologie, aber viel von Ideologie verstehen. Der Konsens-Wahn von SPD und Union mit dem, was sie unter Zeitgeist mißverstehen, hat zum Abbröseln an den Rändern jener breiten Mitte geführt, in deren Besitz sie sich bislang wähnten.

Am linken Rand gebärden sich die Alternativos mit ihrem Zurück-auf-die-Bäume-Geschrei als Zugnummer für Technologiegegner und Wohlstandsverdrossene. Latzhosenbrigaden preisen Urmutter Natur als soziale Endlösung, während Wurzelsepps das Müsli der grünen Denkungsart als Erlösungs-Diät vom Zivilisationsschock reichen.

Ganze Kompanien verunsicherter Bürger verwechseln diesen naturtrüben Stuß mit einer Art Strafzoll für technologische Umweltsünden im allgemeinen und Ablaß für ihren Wohlstand im besonderen. Sie küssen den Stock, der sie schlägt, auch zur extremen Rechten, wo eine monströse Schönhuberei darauf angelegt ist, die Unions-Opfer des Zeitgeistes mit Marschmusik und Parolen aus den Wandschränken des Vorvorgestern zu empfangen.

Dieser Exodus der Mittemüden an die Peripherien der Demokratie ist direktes Ergebnis der unablässigen Kommerzialisierung des geistigen Kapitals der Bürgerlichen und der zunehmenden Ideologisierungserfolge der Linken. Die Mammon & Marx GmbH auf Konkurs-Kurs.

Land und Leute aber sehnen sich in ihrem tiefsten Innern

16

nach Linie. Nach großen Zielen. Nach geistiger Führung. Nach politischer Phantasie. Imagination könnte in sein. Und Indoktrination out.

Statt des täglichen Katastrophen-Kokolores der Frust-Medien fordere ich seit langem Ökologie als Unterrichtsfach an unseren Schulen. Der Bürger will nicht von professionellen Düsterlingen in täglich neuen Schockschüben Schwermut eingespritzt kriegen, sondern zum Anfassen genau wissen, was tatsächlich mit seiner Umwelt los ist.

Statt diesen professionellen Düsterlingen die Orchestrierung der Depression als gezielte Entwertung der bürgerlichen Demokratie zu überlassen, müssen seriöse Sachwalter aus Wissenschaft, Politik und Pädagogik die überfällige Aussöhnung zwischen Ökonomie und Ökologie sicherstellen.

Und, noch wichtiger: Wir reden uns über die Umwelt zu Tode und vergessen im selben Atemzuge die tödlich bedrohte Innenwelt. Agitprop-Spezialisten, so die im Osten übliche Bezeichnung für Leute, die nicht informieren, sondern Agitation und Propaganda verbreiten, und verworrene Professoralität versuchen hinter dem Nebelvorhang sozialverkitschter Utopien jene Ideologie hoffähig zu machen, die unsere Kinder aus der Fürsorge der Mütter und der Elternhäuser heraus in staatliche Kindergarten-Quarantäne verschicken will, angeblich um die Mütter zu emanzipieren, in Wirklichkeit, um durch Frühabschiebung der Kinder die Familien zu enteignen.

Neben den Hohepriestern der antibürgerlichen Familien-Enteignung lauern die Dealer des Untergrundes an den pubertären Nahtstellen der Gesellschaft, um die aus den Familien in den Leistungsalltag abziehenden Schulabgänger und Abiturienten mit rauschgiftschwangeren Nullbock- und Lustgewinn-Parolen ins Abseits zu locken. Gleichzeitig werden Eliten, Leistung und Gewinn als Kategorien spätkapitalistischen Leistungsdenkens einer dekadenten Ausbeutergesellschaft verteufelt und denunziert.

Anstelle eines pragmatischen Positivismus wird uniformiertes Mittelmaß einer gleichmacherischen Einheits-Ge-

17

sellschaft gepriesen, die sich nicht selbst sozial durchzusetzen hat, sondern ihre Wehwehchen und Probleme an den Staat delegiert, so wie Stadtplaner sich sozialer Probleme dadurch entledigen, daß sie Altersheime, Krankenhäuser und Kinder-Tagesstätten an die Stadtränder verlegen. Soziale Krisen werden nicht bewältigt, sondern ausgegrenzt und exportiert.

Die Innenwelt-Katastrophe gipfelt in dem mörderischen Angriff jenes als Aufgeklärtheit verkleideten Antihumanismus auf das ungeborene Leben im Mutterleib. Die hunderttausendfache Abtreibung ist der größte Schandfleck unserer Gesellschaft.

Das soziale Gefüge der bürgerlichen Familie in unserer freien Gesellschaft wird von innen her aufgeweicht. Was behütet im Schoß der Familie ruht und noch gesund ist, wird von den Fernlenkfunktionären der Alles-Geht-Vor-Die-Hunde-Bewegung der Lächerlichkeit gezogen und in den Dreck gezogen. Millionen ahnen diese Denunziation, Tausende haben diesen Angriff am eigenen Leib und in der eigenen Familie zu spüren bekommen. Aber die Mehrheit weiß nicht, wie sie sich des geisterhaften Generalangriffs aus dem Medienumfeld erwehren kann.

Parteien und Parlamente lassen den Bürger im Stich. Polit-Verdrossenheit greift um sich. Eine Vedrossenheit allerdings, die letztlich danach verlangt, durch Information, Imagination, Perspektiven und große Ziele widerlegt zu werden. Die Bürger wollen wissen, wo es lang geht. Ich sage: Hier lang!

I

LEGENDEN
STERBEN EINSAM

– Geißlers Strategie zwischen allen Lagern –

Nicht lang her, da sagte ich auf einer öffentlichen Veranstaltung: »Ich liebe Deutschland.« Sekundenbruchteile Stille. Dann Applaus. Warum? Geschehen war nichts.

Einen normaleren Satz kann man nicht sagen. Diesen Satz sagt über sein Land jeder Franzose und jeder Russe. In Kiew oder Marseille würde niemand demonstrativ klatschen, wenn ein Politiker sagt »Ich liebe Rußland«, »Ich liebe Frankreich.« Das versteht sich in anderen Ländern von selbst. Die Leute nicken, freuen sich, sagen: »So ist's!«

Bei uns ganz anders. Wer sagt »Ich liebe meine Familie«, erntet zunächst Stutzen und erst dann den Beifall. Hierzulande ist vieles von dem, was in allen Ländern der Welt zum Selbstverständnis gehört, zu dem, was unser Leben lebenswert macht, gründlich und mit System als provinzielle Rückständigkeit und muffige Kleinbürgerlichkeit denunziert worden. Allen voran Familie und Vaterland.

Der Grund für dieses Sinn-Defizit hierzulande ist vor allem in jener Medien- und Kultur-GmbH zu finden, die ihre Aufgabe darin sieht, Frust und Depression herbeizureden und dabei die veröffentlichte Landesstimmung zu einer pessimistischen Gesamt-Sinfonie zu orchestrieren. Diese Medien und ihre Manipulateure haben unserem Land die totale Labilmachung erklärt. Der von ihnen aus der ideologischen Demoflasche geblasene Zeitgeist trägt die Züge des Hohns auf alles Heile. Am liebsten wäre ihnen, wenn es Deutschland gar nicht mehr gäbe.

Margret macht's möglich

Ich liebe Deutschland. Seine Menschen. Ihre Arbeit. Ihre Werke. Die Berge und Burgen. Ich will, daß dieses Land eine gesicherte Zukunft hat. Diese Botschaft kann ich nicht über kostümierte Zeitgeister vermitteln, hinter denen sich die abgetakelten Schamanen vertaner Ideologien verbergen.

Was die Deutschen jetzt wollen, ist politische Klarheit, so wie sie Margret Thatcher den Engländern zurückbrachte. Wir brauchen ein Stück Thatcherismus, der sich auch durch Verluste bei Zwischenwahlen nie von seinem kristallkaren Kurs abbringen ließ. Wir brauchen Maggies Botschaft des selbstbewußten progressiven Konservatismus.

Frau Thatchers gesammelte Erfolge füllen Bände. Jeder weiß es. Aber ihr Erfolg ist nicht allein die Summe ihrer Positiv-Bilanzen, sondern die Tatsache, daß sie den Briten inmitten einer Ära, die auf kosmopolitisch gestylte Entnationalisierung eingestimmt war, Nationalgefühl zurückgab. Die Engländer sind seit Maggie wieder stolz auf ihr Land. Für uns ein Wunder. Denn die Bundesrepublik hat unter Bundeskanzler Kohl Erfolge vorzuweisen, die sich in keiner Beziehung hinter denen Englands verstecken müssen. Nur: Es fehlte die Persönlichkeit a la Thatcher, die den Leuten diesen Erfolg bewußt machte.

Wir müssen lernen, unsere Ziele wieder beim Namen zu nennen. Wir sollten sagen, daß wir unser Land lieben. Daß wir für die Wiedervereinigung sind. Daß unsere vorrangigen Probleme nicht in Südafrika und Chile liegen, sondern in Leipzig und Stuttgart. Wir sollten offen für die heile Familie plädieren, für das Recht und die Möglichkeit der Mütter, ihre Kinder ohne staatliche Bevormundung selbst aufzuziehen.

Wir wollen und dürfen dieses Land weder chaotischen Alternativos der extremen, gewaltverstrickten Linken zum Kaputtmachen überlassen, noch rechtsextremistischen Parteien den Zulauf enttäuschter Bürger verschaffen, die in der

Union heute keine Heimat mehr finden, da deren Führung sich durch ihre Jagd nach dem linken Zeitgeist immer weiter von ihnen entfernt.

Politik ist kein beliebiges Da und Dort, sondern immer ein konkretes Jetzt und Hier. Wir sollten nicht über eine multikulturelle Gesellschaft fabulieren, sondern klar und deutlich sagen, daß Wirtschaftsasyl in unserem Land nicht jedermanns Recht sein kann, daß dies jedoch mit schwachsinnigem Ausländerhaß überhaupt nichts zu tun hat.

Ich darf die Wiedervereinigung nicht auf ein Datum ins ferne XYZ wegreden, sondern muß sie als tägliche Herausforderung begreifen.

Ich darf die Not der Dritten Welt nicht mit Alibi-Zutaten aus Geld- und Sachspenden verdecken, sondern ich muß erkennen, daß nur die Entwicklung souveräner marktwirtschaftlicher Strukturen in diesen Ländern deren Not wendet und sie auf Dauer zu gleichberechtigten Partnern der Industriestaaten macht.

Ich darf nicht die Sicherheit dieses Landes der Spekulation überlassen, ob Gorbatschows Glasnost gelingt oder zersplittert. Ich muß auch dem charmantesten Gegner das Risiko verdeutlichen, in das er läuft, wenn er eines Tages nicht mehr charmant ist, sondern aggressiv wird.

Rotgrün als Abwechslung?

Es gibt Bürger, die der Auffassung sind, man könne es ruhig mal vier Jahre mit Rotgrün versuchen. Diese Argumentation ist lebensgefährlich.

Wir können nicht einfach für vier Jahre aus der NATO austreten, die Amerikaner nach Hause schicken und dann nach vier Jahren erklären, wir treten wieder in die NATO ein und die Amerikaner sollten bitte wieder zurückkommen.

Wir können auch nicht einfach für vier Jahre aus der Sozialen Marktwirtschaft aussteigen mit der Folge, daß große Teile unserer Wirtschaft ins Ausland fliehen, und dann nach vier Jahren die Wirtschaft auffordern, ihre im Ausland gegründeten Betriebe nach Deutschland zurückzuverlagern.

Wer diese beiden Grundpfeiler unseres Landes, die Soziale Marktwirtschaft und die NATO, einmal zerstört, hat sie für immer zerstört.

Sicherlich: Die Sozialdemokratie ist bislang nicht für einen Nato-Austritt. Nur: Wenn die SPD Ja zu Grün sagt, ist das Nein zur Nato so gut wie vorprogrammiert. Oder? Ich wünschte, ich hätte mit dieser Vermutung unrecht. Dennoch sagte Graf Lambsdorff diesen Satz: »Lieber Rotgrün als mit den Republikanern.« Original-Ton am 22. April 1989. Dieser Satz saß und zündete Schlagzeilen. Graf Lambsdorff, ansonsten kein Sonntagsredner mit Profilneurose, hat mich mit diesem Spruch ins Grübeln gebracht. Grübeln wir mal...

Morbus Germanicus oder die deutsche Krankheit

So ganz grob über den Daumen ins Blaue hineinphilosophiert, teilen wir uns im Grunde in zwei Gruppen auf. Die eine Gruppe findet alles mies. Die andere, zu der auch ich gehöre, vieles schön.

Für die Verdrossenen ist das Glas halbleer. Für uns halbvoll. Die einen lieben es negativ. Wir positiv. Kurz: Dort Trauer-Power. Bei uns Ja zum Leben!

Die Menschen, die ich kenne und mag, lieben unser Land – so wie die Franzosen das Ihre, La Grande Nation, die Engländer ihr Merry Old England, die Reußen ihr Mütterchen Rußland, Uncle Sam sein Gods Own Country. Auch ich denke und fühle deutsch, so wie die Russen russisch und die Franzosen französisch denken und fühlen. Nur bei uns ist es neuerdings nicht mehr schick, seinem Land öffentlich mit Liebeserklärungen zu kommen, ohne dabei Spott zu ernten.

Wir Deutschen haben gefälligst an der von einer schlechtgelaunten Elite verordneten hysterisch-neurotischen Weltuntergangsstimmung zu leiden. Eine ganze Industrie haut bei uns unentwegt auf die Katastrophenpauke und erklärt, dieses schöne Land mit seinen Wäldern, Bergen und Tälern sterbe.

Mittlerweile wird diese düstere Panik-Sinfonie in 3-D-Moll für Desaster, Death und Destruction – Katastrophen, Tod und Zerstörung – als die große Frustpremiere in sämtlichen Katastrophen-Kathedralen des Bundes-Medienzirkus aufgeführt.

Kurt Sontheimer hat in einem Vortrag (»Reden über das eigene Land«), den die Frankfurter Allgemeine in gekürzter Form abdruckte (»Von deutscher Normalität«, 10.8.1989) darauf hingewiesen, daß dieser orchestrierte Pessimismus unter anderem als Gegenreaktion auf das deutsche Wohlstands- und Wirtschaftswunder zu sehen ist. »Kein Wunder, daß unser Land von den Schreckensvisionen der zahlreich auftauchenden Zivilisationskritiker besonders behelligt wurde, denn Westdeutschland war die erfolgreichste und dynamischste Industriegesellschaft Europas.«

Die missionarischen Miesmacher saugen ihre Kassandra-Botschaften aus dem irrationalen Schlick jener selbsternannten Eliten, die Konsum und Lebensfreude als Kontrapunkte des Geistes denunzieren. Ihr Haß und ihre Häme richten sich daher gleichermaßen gegen Wohlstand, Leistung, Manager und Gewinn wie gegen Verbrauch, Freude und Fortschritt. Frohsinn erscheint ihnen reaktionär und ist überhaupt kein deutsches Thema.

Zerrbilder und Zeitgeister

Was hat das alles mit des Grafen Spruch zu tun, »lieber Rotgrün als mit den Republikanern«? Der Graf hat mit diesem Satz die rotgrünen Kastrophenstaubsauger in gefährlicher Weise aufgewertet, indem er das larmoyante Leitmotiv aus einem Schmierenstück rotgrüner Agitation übernahm, die unterstellt, daß die Union mit den Schwatzhubereien Schönhubers längst gemeinsame Sache macht.

Der Graf weiß, was alle wissen sollten: Es gibt keine Alternative Rotgrün oder Republikaner – beides ist keine Perspektive für Deutschland. Weder Rotgrün noch Republikaner.

Das eigentlich Schillernde an Lambsdorffs Lamento ist jedoch dieses »lieber Rotgrün«. Dieses Rotgrün, verehrter Graf, dieses Rotgrün ist zum Generalangriff auf all jene Werte in diesem Land angetreten, die wir, auch der Graf, als lebens- und liebenswert empfinden: von der Liebe zu unserer Heimat, zu Deutschland, das wir in Frieden und Freiheit wiedervereinigt sehen möchten, bis hin zum Schutz des ungeborenen Lebens, das in diesem Land nicht mal mehr den Wert einer Versuchsmaus zu medizinischen Zwecken besitzt.

Vaterlandsliebe, Wehrdienstbejahung, Schutz des ungeborenen Lebens, Selbstbestimmungsrecht aller Deutschen – auf der rotgrünen Klaviatur werden diese Themen erst gar nicht angespielt. Rotgrün will diese Werte nicht.

Sicher, die Sozialdemokratie kann nicht mit jenen Alternativen in einen Topf geworfen werden, die Terrorismus verharmlosen oder verherrlichen oder sich um eine klare Absage an die Gewalt drücken. In diesen Topf gehört die SPD nicht, das ist richtig. Nur: Wenn die Sozialdemokratie von sich aus danach strebt, wenn auch nicht in den grünen Topf zu springen, immerhin aber am grünen Tropf zu hängen, kommt sie automatisch in die Nachbarschaft jener, die es mit der Gewalt haben. Die SPD muß sich an diesem Punkt zumindest fragen lassen, ob sie sich an die grünen Gewalt-Koketterien bis zur eigenen Unkenntlichkeit an-

26

paßt oder ob sie ihr eigenes Profil als große demokratische Volkspartei mit einer klaren Absage an die Gewalt bewahren will. Mit grün geht das auf Dauer nicht!

Luis Maria Anson, Generaldirektor der spanischen Nachrichtenagentur EFE, hat die rotgrünen Ziele in einem brillanten Essay »Der geistige Terrorismus der fünften Feder« beschrieben, den die Welt am 4.1.1982 abdruckte:

● »Die fünfte Feder verteidigt die Abtreibung. Sie rechtfertigt die Drogensucht. Sie fördert die Pornographie. Sie zerbricht die Einheit der Familie. Sie macht die christliche Moral lächerlich. Sie verspottet den Papst. Mit einem Wort, sie müht sich unablässig, die christliche Zivilisation zu entwürdigen.«

● »Die fünfte Feder will die Streitkräfte verunsichern. Sie hetzt liberale Offiziere gegen konservative auf. Sie zieht den Ehrbegriff der Armee in den Schmutz. Sie ironisiert die Vaterlandsliebe. Sie verunglimpft die Nationalfahne. Sie setzt die Offiziere herab. Sie vergiftet die Rekruten.«

● »Die fünfte Feder unterstützt unmerkbar den Terrorismus. Sie verherrlicht seine kriminellen Handlungen, indem sie ihnen breiten Raum in den Medien gewährt.«

Ist dem Grafen dieses Rotgrün tatsächlich »lieber«? Lambsdorffs Parteifreund Helmut Markwort stellte letzthin seine brillante Kolumne im Gong unter die Schlagzeile: »Die RAF kann mit dem Fernsehen zufrieden sein« (Gong 17/89, S. 3). In diesem ebenso treffenden wie trefflichen Beitrag erinnert Markwort daran, daß »eine Bande von Mördern und Räubern quer durch Gefängnisse vieler Bundesländer eine sorgfältig ausgeklügelte Hungerstreikkette organisiert und damit eine publizistische und politische Aufmerksamkeit erreicht hat«.

Markwort: »Die Tagesschau wird zum Schwarzen Brett der Terroristen.« Meint das Graf Lambsdorff mit »lieber Rotgrün«? Er sollte sich die Mühe machen, einmal im Zentralorgan der Grünen, der Westberliner taz, zu blättern, um den Katalog all dessen wortwörtlich wiederzufinden, was Luis Maria Anson in seinem oben zitierten Artikel festhielt.

Denn immerhin: In den rotgrünen Stadt-Sowjets von Berlin und Frankfurt, in denen wortbrüchige SPD-Politiker die rotgrüne Allianz durch Wahlbetrug möglich machten, ist dieses Lambsdorffsche »lieber Rotgrün« bundesdeutsche Tageswirklichkeit geworden. Sie ist es geworden, weil die Union zur Zeit leider nicht mehr die Partei klarer Werte und Ziele ist.

Werte wie Nächstenliebe, Fleiß, Zivilcourage, persönliche Treue, Fairness, Toleranz, Respekt vor der Bundeswehr, Achtung der Autorität des demokratischen Rechtsstaates und Anerkennung seines Gewaltmonopols, Sinn für das Gemeinwohl und Vaterlandsliebe – alles Werte, über die sich die vermeintliche Libertinage, die Mode, Freigeist zur Schau zu tragen, ohne frei zu sein, vor hämischem Gekicher nicht einkriegt.

Die Liebe zur Familie, die Verehrung der Mütter, die das Wertvollste, was wir haben, unsere Kinder, erziehen und behüten – dies alles und noch unendlich viel mehr bildet das Leitmotiv unserer Moral und darf nicht ungeschützt als Muster ohne Wert jenen Medien zum Fraße vorgeworfen werden, denen außer dem Heruntermachen nichts heilig ist.

Heiners Jagdgesellschaft

Die Koketterie des liberalen Grafen mit dem rotgrünen Ausverkauf ähnelt in gewisser Weise der illustren Jagdgesellschaft von Heiner Geißler, den ich menschlich für einen der integersten Politiker der CDU, dessen Strategie ich allerdings für total falsch halte. Seine illustre Jagdgesellschaft trabt seit Jahren der Fata Morgana eines vermeintlichen Zeitgeistes hinterher, dessen sie freilich, weil nirgends wirklich zu Hause, nie habhaft wird.

Dieses absurde Hasch-Mich-Ich-Bin-Der-Zeitgeist-Spiel, das Geißler & Co mit lautem Halali als Hatz nach neuen

Wählern links von der Mitte preisen, ähnelt zunehmend den Feldzügen Don Quichotes.

Dort wo Heiner Geißler und auch Helmut Kohl den Zeitgeist als Lockmittel vermuten, um linke Wähler auf den rechten Weg zu kriegen, ist nichts zu finden. Null und nichts. Niemand sollte vergessen: Auch der linke demokratische Bürger dieser Republik ist so wenig wie der konservative dazu zu bewegen, flüchtigen Phantastereien nachzujagen. Der linke Bürger bangt wie der rechte um die Entwertung der Werte, an denen er sich bewußt oder unbewußt orientiert, befürchtet die Verdrehung der Moral und ahnt, daß die Sache mit dem Zeitgeist nichts weiter ist als ein mit intellektuellen Heuchel-Einheiten hochgeputschtes Schizotheater.

Wenn Geißler mit Pinochet-Prügel im Koffer nach Chile jettet, um »dem linken Wähler« zu zeigen, wie toll progressiv der »Schwarze General« (Frankfurter Rundschau) sein kann, verprellt er in Wirklichkeit den demokratischen linken Bürger kaum weniger als den rechten – und erntet zudem den Spott des Chronisten in der linksliberalen Frankfurter Rundschau, der Geißlers Fern-Trip als »naheliegenden Polittrick« im Gerangel um Wähler links erkannte, »die allerdings auf derlei Spielchen nicht reinfallen werden.« Leider hat die Frankfurter Rundschau recht.

Zeitgeist als Nullplusultra

Dieses Phantom namens Zeitgeist ist das Nullplusultra des absoluten Negativismus, weil es aus der eigenen Nichtexistenz heraus konsequent nichts bejaht, sondern alles verneint. Das Bestechendste an diesem Super-Bluff aber ist nicht etwa, daß der Verneinungs-Bazillus auf ganze Parteivorstände überspringt und in den schicken Zeitgeist-Zirkeln der jungen Wilden pseudophilosophische Blähungen verursacht. Nein – das alles ist geschenkt.

Das Faszinosum dieses totalen Blackouts offenbart sich vielmehr darin, daß auch das mit nihilistischem Hohngelächter überzogen wird, was wir alle, also auch die Hohnlachenden, letztlich als das essentiell Lebenswerte bejahen, aber aufgrund eines irrationalen Konsenses und des modischen Medien-Überdrucks nicht zu bejahen trauen.

Das gilt vor allem für jene, die »links reden und rechts leben«, die den Profit links anprangern und rechts die Hand zum Kassieren ausstrecken.

In Kurzform liest sich diese veröffentlichte Bewußtseinsspaltung so: *Es wird öffentlich verneint, was heimlich bejaht wird – eben die aufgezählten Eckwerte unserer Gemeinschaft.* Auf den elektronischen Altären unserer Fernseh-Demokratie opfern unter dem ausgeübten Anpassungs-Druck ganze Partei-Hierarchien den Schimären des Zeitgeistes Sachverstand und Wertvorstellungen, um von diesen Minusmedien als Gegenleistung für intellektuelle Unterwürfigkeit Schonung zu erfahren. Sie gehen vor den ferngelenkten Oberschiedsrichtern der Nation, die an nichts glauben als an die eigene Karriere, in die Knie und merken dabei nicht, daß die meisten dieser linken Medienscharfmacher Papiertiger sind.

Der Springer-Verlag hat den stichhaltigsten Nachweis für den Schwachstoff erbracht, aus dem diese linken Medien-Helden in Wirklichkeit gestrickt sind:

Neinsager und JA-Macher

Peter Koch, dieser hochprofilierte und viel zu früh verstorbene brillante Journalist, der über Jahre im Stern das ganz große, ideologisch motivierte Super-NEIN zu all dem veröffentlichen ließ, was dieses Land lebenswert und schön macht, tauchte nach der Affäre mit den gefälschten Hitler-Tagebüchern, an der er bis zu seinem Tode litt, als Macher des absoluten Gegenteils dessen auf, was er bislang machte: Er entwarf Springers Positiv-Illustrierte JA.

Sein Mit-Chefredaktuer beim Stern, Felix Schmidt, ging nach dem Hitler-Flop ebenfalls zum Springer-Verlag, als Chefredakteur von Hörzu.

Den Höhepunkt dieses Stern-Exodus zu Springer bot Stern-Chefredakteur Heiner Bremer, der im Januar 1989 noch stramm gegen das Haus Springer Front machte, dem er nun seit Mai 1989 als Sprecher dient.

Im Grunde ist es gar nicht ungewöhnlich, daß enttäuschte Stern-Chefredakteure hilfesuchend zu Springer gehen, ohne groß die Meinung wechseln zu müssen, da sie ja das, was sie bislang öffentlich verneinten, insgeheim bejahten. Sie sind sogar froh, dies jetzt zugeben zu dürfen. Herzlich willkommen, ihr linken Papiertiger. Ihr seid leider so ziemlich die einzigen Linken, die wir bisher gewinnen konnten.

Ausverkauf der Prinzipien

Ich habe die Führung der Union seit Jahren davor gewarnt, das politische Koordinatenkreuz immer weiter nach links zu verschieben.

Natürlich ist derlei Warnung bei denen nicht beliebt, die den Kurs in die falsche Windrichtung eingeschlagen haben. Nur – eine demokratische Volkspartei vom Kaliber der CDU kann sich auch beim besten Willen eines nun überhaupt nicht leisten: Nämlich die Eingeschüchtertheit einer braven Schafherde, die alles mitmacht und mit sich machen läßt.

Die CDU hat immer davon gelebt, daß sie keine kollektivistische Gefolgsleute-Mentalität entwickelte, sondern individuelle Meinung und harte Kritik zuließ. Und diese war noch nie so nötig wie heute. Denn heute wäre Konrad Adenauer eine isolierte Gestalt am rechten Rand der CDU.

Für jeden Wähler, den wir durch eine Öffnung unserer Politik nach links aus dem linken Spektrum herausbrechen, verlieren wir zehn aus dem konservativen Spektrum. Aber selbst nach 13 Landtagswahlen seit 1982, bei denen die CDU durchschnittlich 6,7 Prozent ihrer Wähler verlor, selbst nach dem Erdrutsch-Desaster von Berlin und Frankfurt und bei der Europawahl, hat Heiner Geißler nicht innegehalten, die Öffnung nach links und nirgendwo zu betreiben.

Zwar gab er zu, daß man, um wieder Tritt zu fassen, »Mut zu Unpopulärem« haben müsse, »wenn es halt sein muß, aber bitte nicht zuviel«. Nur: Statt Mut zu Unpopulärem gab es nach Berlin und Frankfurt nur die Angst der Kleinmütigen. Zahllose Positionen, die der Union bislang als ehern und absolut unabdingbar galten, wurden unter dem Schock der Wahlniederlagen über Bord geworfen, so als ob der Untergang Bonns schon beschlossene Sache sei. Nur zwei Beispiele:

- Die *Wehrdienstverlängerung*, weil angeblich urplötzlich neue Zahlen über die Auswirkung von Pillenknick, Wehrdienstverweigerung, Soldatenbedarf usw. vorlägen. Nur niemand kannte und nannte diese neuen Zahlen, weil sie nicht vorliegen. Es gibt diese Zahlen einfach nicht.

  Die Union hat nur aus Zittern und Zagen vor der Rache des Zeitgeistes – und nicht aus Überzeugung – ein ganzes Prinzipienpaket über Bord geworfen.

- Die längst beschlossene und auch erforderliche *Kurzstrecken-Raketen-Modernisierung* wurde auf einen Zeitpunkt weit nach der Bundestagswahl vertagt, obwohl eine sinnvolle nukleare Bewaffnung – die der Nato nach Art und Umfang ihre Abschreckungs- und Eskalationsfähigkeit erhält – den einzig wirksamen Schutz vor der gigantischen konventionellen sowjetischen Übermacht bietet.

Anstelle der eigenen Prinzipien, jahrelang im dreigestrichenen hohen C von den Geißler-Chören vollmundig intoniert, hat die Union einfach kurz und bündig die Meinung Egon Bahrs und des SPD-Parteivorstandes übernommen. Aber selbst der dafür in der SPD-Baracke ausgebrochene Applaus für Genscher und Stoltenberg, für die CDU, Heiner Geißler und selbst den Kanzler, macht die Unions-Führung nicht etwa stutzig, sondern im Gegenteil offenbar sogar noch froh. Denn ein Lob, so uns Heiner im stillen Kämmerlein, ein Lob von Onkel Hans-Jochen könnte vielleicht Wähler bringen. Eine abenteuerliche Unterschätzung der Wähler.

Warum, um Gottes Willen, warum sollten ausgerechnet SPD-Wähler die Union wählen, wenn die CDU nur das nachmacht, was die SPD ohnehin schon früher und damit glaubwürdiger gefordert hatte?

Die Meinung des parlamentarischen politischen Gegners in einer solchen Grundsatzfrage unmittelbar nach einer Wahlniederlage ohne Abstrich zu übernehmen hat opportunistischen Ausverkauf-Charakter. Die CDU wird den Respekt der Wähler, die ihr den Rücken gekehrt haben, nie dadurch zurückgewinnen, daß sie zentrale Forderungen ihres politischen Gegners übernimmt.

Die Schlagzeilen der Zeitungen im April 1989 spiegelten diesen Bankrott ja auch wieder. Eine Auswahl aus gewiß nicht unionsfeindlichen Blättern: »Ansehen des Bundeskanzlers tief gesunken« (FAZ, 18. April 1989) , »Bonn geht ins Abseits« (Welt, 19. April 1989), »Panik in Bonn« (FAZ, 20. April 1989).

Die Geißler-Schneise

Heiner Geißler hat eine Zusammenarbeit mit den Republikanern abgelehnt. Okay! Wir arbeiten auch nicht mit der SPD und den Grünen zusammen. Nur: Das ist noch lange keine Strategie.

Denn woher, in Gottes Namen, kommen denn die Wähler

»Ein bißchen nach links, und es geht noch weiter aufwärts!«

der Republikaner? Sie kommen, jeder weiß dies, am allerwenigsten aus den Reihen der Grünen und der Freien Demokraten – sie kommen vor allem aus der Union. Es ist doch nicht so, wie Geißlers vorsorgliche Geschichtsklitterung jetzt behauptet, daß die Republikaner der Union rechte Gruppen abgelockt hätten. Es ist genau umgekehrt: Die Republikaner wurden erst möglich, weil die Union den Republikanern Wähler zutrieb, die sie jahrelang vernachlässigt und teilweise systematisch ausgegrenzt hatte.

Geißler spreizte sich zu weit nach links und rutschte dabei – vergebens einen sauberen Spagat probend – total vom rechten Rand.

Geißlers Strategie der Öffnung nach links – und nicht das Werben der Republikaner – hat verdrossene Wähler aus der politischen Mitte zu den rechten Parteien gedrängt und den Einzug der Republikaner in deutsche Parlamente und ins Europaparlament ermöglicht.

Dies war auch das endgültige Aus für Geißlers »Lagertheorie«, die besagte, CDU und FDP bildeten das eine politische »Lager« der Bundesrepublik Deutschland, SPD und Grüne das andere. Die Republikaner hatte Geißler in seiner »Lagertheorie« nicht drin. Nicht die Republikaner sind daher an den Republikanern schuld. Heiner Geißler verdanken wir die Republikaner!

Man muß nicht einmal die Meinung von Professor Günter Rohrmoser, einst Hausphilosoph von Franz Josef Strauß, strapazieren, daß »jeder weitere Fernsehauftritt von Generalsekretär Geißler den Republikanern Zehntausende weitere Stimmen bringt!« (Welt, 12.4.89), um die Unionsführung mit dem Kopf auf den kapitalen Bock ihrer politischen Strategie zu stoßen:

Es ist und bleibt Geißlers politischer Aberglaube, links von der Mitte politische Potenzen für die Union zu entdecken. Die CDU hat überhaupt nicht die Aufgabe, durch Aufgabe konservativer Grundpositionen links zu antichambrieren, sie muß – vor allem nach dem Tode von Strauß – alle Kraft darauf verwenden, die rechts wegdriftenden Wähler in der Mitte zu halten.

Der Fairness halber sei festgehalten: Heiner Geißler hat den falschen Kurs der CDU nicht allein zu verantworten. Er hatte immer die ausdrückliche Unterstützung seines Parteivorsitzenden Bundeskanzler Helmut Kohls und anderer prominenter Spitzenpolitiker der CDU, auch wenn diese Geißler jetzt allein im Regen stehen lassen.

Die Schneise, die Geißlers Strategie der Öffnung nach links in die Reihen der CDU-Wähler schlug, ist wahrscheinlich kurzfristig nicht wieder aufzuforsten. Die großen

Ankündigungen Geißlers, er würde »jedes einzelne Mitglied, das die CDU verließ, persönlich anschreiben«, sind unversehens in die Nachbarschaft politischer Demagogie geraten. Mittlerweile sind so viele aus der CDU ausgetreten, daß Heiner Geißler ein eigenes Referat in der CDU-Bundesgeschäftsstelle gründen müßte, um allein die Schreibarbeit zu bewältigen. Aber was nutzt selbst emsigster Schreibfleiß, wenn dahinter nach wie vor jene falsche Strategie vertreten wird, die Ursache des Mitgliederschwunds ist.

Katastrophen-Kokolores

Der Verlust der Mitte, den die Union nach rechts und die SPD nach links zu beklagen hat, verpflichtet beide großen Volksparteien, mit aller Kraft dem Wähler und Bürger ihre Werteordnung wieder durchsichtig zu machen.

Die Sozialdemokratie, auch darum müssen wir uns sorgen, verliert ihre Mitte, wenn sie der grünen Panikpartei, den Katastrophenstaubsaugern der Nation, nachläuft, ihre Werteordnung schleifen läßt und durch die manisch-depressive Bigotterie des Nullplusultras alias Zeitgeist ersetzt, also Werte durch Wahn. Die Sozialdemokratie hat ganz ähnliche Probleme wie die Union. Die SPD ist nach der CDU die zweitgrößte Stimmenlieferantin für die Republikaner.

II

KURSKORREKTUR

– Die Zehn Gebote der CDU –

Die Bürger beklagen bei der SPD genauso wie bei CDU und FDP die Entleerung der politischen Programme. Sie erwarten von den klassischen Parteien unserer Republik, daß sie in entscheidenden Grundfragen unseres Landes endlich wieder Position beziehen und wahltaktische Interessen den Interessen des Gemeinwohls unterordnen.

Das fängt beim einzelnen Mandatsträger an, der die Gewissensfreiheit nicht als disponibles Recht, sondern als ständige Pflicht begreifen muß. Bei allen seinen Entscheidungen gehört das Gemeinwohl an die erste Stelle, erst dann folgen mit großem Abstand die Interessen seiner Partei und erst zuletzt die eigenen Interessen.

Es gibt für Abgeordnete heute in der Regel zwei Möglichkeiten. Sie können sich der sogenannten Herdenmoral anschließen und zu allem Ja und Amen sagen. Oder sie berufen sich auf ihre vom Grundgesetz garantierte Gewissensfreiheit. Ich plädiere für den völlig freien und unabhängigen Abgeordneten, der sich von niemandem sein Rückgrat herausoperieren läßt, und gegen die Herdenmoral in der Politik.

Ich habe stets versucht, diesem Leitbild gerecht zu werden, indem ich bei Entscheidungen im Deutschen Bundestag zum Beispiel zum Paragraph 218, zur Parteienfinanzierung, zur paritätischen Mitbestimmung, zur Null-Lösung bei Mittelstreckenraketen oder in der leidigen Flugbenzinsache nicht mit der »Herde« gestimmt habe.

Dies hatte nicht selten massive Pressions- und Ausgrenzungsversuche zur Folge. Mich hat das nie gestört. Ein freier Abgeordneter, der sich nur nach seinem Gewissen richtet, ist nie wirklich allein. Wer gegenüber dem Volk seine Pflicht

tut, ist nie ein isolierter Außenseiter. Auf die Parteien übertragen bedeutet dies, daß sie das Gemeinwohl wieder erkennbar vor die Wahltaktik stellen müssen. Wenn die Union
das schaffen will, muß sie erhebliche Kurskorrekturen vornehmen. Das gilt vor allem für folgende Fragen:

1. Die Wiedervereinigung

Die Union hat – wie auch die SPD – das Selbstbestimmungsrecht als oberste Maxime auf ihre Fahnen geschrieben. Dieses Recht auf Selbstbestimmung steht nicht nur Chilenen
und Südafrikanern, Letten, Georgiern und Vietnamesen,
sondern auch uns Deutschen zu – und zwar allen.
Es kann im Grunde keine Diskussion darüber geben, ob
DDR-Bürger mit uns zusammen ein Selbstbestimmungsrecht haben oder nicht. Sie haben ein Selbstbestimmungsrecht. Nur, sie dürfen es auch nach Gorbatschows Bonn-
Besuch nicht ausüben. Das ist der springende Punkt. Und
solange sie das nicht dürfen, ist dieses Dilemma unserer
Mitmenschen drüben auch unser Problem und auch ein
Stück militärischer Unsicherheit in Deutschland und Europa.
Die Wiedervereinigung, friedlich versteht sich, ist nicht
nur eine theoretische Frage für Staats- und Verfassungs-
rechtler, sondern deutsch-deutsche Pflicht aller Bürger.
Die Frage drängt sich auf, wie die Wege zur Wiedervereinigung aussehen. Schwierig, auch wenn es zahlreiche
Wege zur Wiedervereinigung gibt. Sie führen jedoch auf
absehbare Zeit alle über Moskau.Die Kreml-Administra-
tion muß erkennen, daß die von ihr (und uns!) gewünschte
Brücke Moskau-Bonn auf Dauer nur tragfähig ist, wenn sie
allen Deutschen das Selbstbestimmungsrecht einräumt, die
Mauer abtragen läßt und die Sperranlagen an der deutsch-
deutschen Grenze verschrottet.

Damit verliert Moskau nicht seine geliebte DDR, sondern macht diese Scheinrepublik zum ersten Male ansehnlich. Wenn Moskau dazu den Startschuß gäbe, würden die beiden Regierungen, die in Bonn und die in Ostberlin, schon Wege finden, aus dem Zweiteilungs-Kontrast selber herauszufinden – freiheitlich, friedlich, freundlich und für alle Welt zum Vorteil. Nur eben: Dieser Prozeß muß in den Köpfen der Moskowiter beginnen. Wir können ihnen dabei Prozeßhilfe geben: bei unseren Wirtschaftsabkommen und Krediten. Zug um Zug erhält die UdSSR Produkte, Geld und Knowhow. Und wir Stück um Stück unser Selbstbestimmungsrecht.

Auch die Abrüstungsproblematik könnte dadurch massiv und drastisch erleichtert werden. Das wäre doch ein Weg, oder?

Alles, was wir mit dem zweiten deutschen Staat tun und zu tun haben, muß letztlich von dem einen und einzigen Ziel getrieben sein, allen Deutschen die Ausübung des Selbstbestimmungsrechts und damit die Wiedervereinigung zu ermöglichen.

Glasnost, wenn es eines Tages demokratische Wirklichkeit werden sollte, kann nicht vor der DDR haltmachen, draußen vor der DDR-Tür bleiben.

Und auch das muß klar sein: Wenn es um Westeuropa geht, darf die deutsche Einheit nicht vor der EG-Tür bleiben. Die westeuropäische Einigung – die sich ohnehin nur als ein »Zwischen-Europa« auf dem Weg zu einem »Gesamteuropa der Vaterländer« verstehen sollte – darf die Wiedervereinigung Deutschlands nicht behindern oder gar unmöglich machen.

Wir brauchen daher bei der Gründung einer Europäischen Union, eines westeuropäischen Bundesstaats oder eines westeuropäischen Staatenbundes die glasklare und völkerrechtlich verbindliche Festlegung, daß die deutsche Wiedervereinigung nicht der Zustimmung unserer westeuropäischen Partner bedarf.

Kurz: Die Wiedervereinigung darf nicht am Veto eines oder mehrerer EG-Staaten scheitern. Diese Forderung nach einem Wiedervereinigungsvorbehalt ist eigentlich eine pure Selbstverständlichkeit – wenn man das Selbstbestimmungsrecht der Völker und die Rechtsprechung des Bundesverfassungsgerichts ernst nimmt.

Daß sie trotzdem zeitweise auf den teilweise massiven Widerstand führender Bonner Politiker gestoßen ist, wirft die Frage auf, ob diese Politiker die Wiedervereinigung überhaupt ernsthaft wollen – für mich ein Grund mehr, auf dem Wiedervereinigungsvorbehalt zu bestehen. Hierher gehört auch der Schießbefehl, den deutsche Politiker und Wirtschaftskapitäne, die sich bei Honecker die Türklinke in die Hand geben, entweder ganz aus ihren Gesprächen streichen oder lediglich zum Anlaß nehmen, ihn in einer Standard-Deklamation vorzutragen, die niemand mehr ernst nimmt.

Dabei steht fest: Die DDR-Führung braucht von uns Milliardenkredite, Waren und Knowhow. Nur: Wenn niemand Honeckers Arbeiter- und Mauernstaat politische Bedingungen der Art stellt »hier mehr Vorschuß – dort kein Schuß mehr«, wird weiter an der unseligsten Grenze der Welt geschossen und getötet.

2. Konkrete Sicherheitspolitik

Der Bürger will wissen, ob wir Panzer brauchen, welche, wann und wo. Brauchen wir Raketen? Warum, welche, wann und wo?

Der Bürger will statt angepaßt-demagogischer Friedensdeklamationen, in denen sich jede sachliche Aussage in Parolen verflüchtigt, wissen, was sicherheitspolitisch und damit auch militärisch Sache ist. Er braucht die faßbaren, nachweisbaren Zahlen über Rekruten und Pillenknick, über Wehrdienstverweigerung, über die Zahl der Truppen, der Waffen, konventionell wie nuklear – und alle diese Zahlen braucht er im bildhaften Vergleich mit der anderen Seite.

Der Bürger ist mündig genug, um anhand der konkreten Tatsachenlage dann selbst zu wissen, wem er seine Stimme gibt: denen, die Harfe spielen und vergessen, daß vor unserer Haustür die mächtigste Armee der Welt steht –

oder denen, die sagen: Solange die Ursachen der Spannungen zwischen Ost und West nicht beseitigt sind, bleiben wir auf der Hut.

Eine Union aber, die sich anschickt, die SPD in der Sicherheitspolitik links zu überholen, ist für diese mündigen Wahlbürger passé, uninteressant, nicht wählbar.

3. Die Asylantenfrage

Der Bürger will ganz konkret, also zum Anfassen genau wissen, was die Union hier tatsächlich vorzuweisen hat und vorhat. Wie ist das mit den Renten für Umsiedler? Wie ist das mit politischem Asyl, wie mit dem »Wirtschaftsasyl«? Wie mit unseren Arbeitslosen und denen, die von draußen kommen?

Der Bürger will wissen, daß es in diesem Land immer einen Platz gibt für wirklich politisch Verfolgte. Das Recht auf politisches Asyl ist unverbrüchlich. Ende der Durchsage. Darüber gibt es überhaupt keine Diskussion. Aber zwischen politischem Asyl und dem Recht deutscher Umsiedler auf der einen Seite und dem Zustrom von Scheinasylanten auf der anderen muß prinzipiell und haargenau unterschieden werden.

Hier müssen bereits an der Grenze jene herausgefiltert werden, die keinen Anspruch auf Asyl haben. Hier müssen durch grenznahe Verwaltungsbehörden und Gerichte rechtskräftige Entscheidungen über Asylanträge im Schnellverfahren binnen 48 Stunden Realität werden. Notfalls muß Artikel 16 II, 2 des Grundgesetzes aufgehoben werden.

Auf Lavieren in dieser Frage, die Millionen Familien

aufwühlt, weil sie die jetzigen Regelungen als ungerecht empfinden, reagiert der Wähler mit einem Ruck nach rechts.

Auch auf die unwidersprochene Unterstellung, die Bundesbürger seien ausländerfeindlich, reagieren die Wähler mit einer Abwendung von den traditionellen Parteien.

Die Deutschen empfinden es schlicht als Unverschämtheit, wenn ihnen in jeder neuen Ausgabe des Spiegel oder Stern Ausländerfeindlichkeit untergeschoben wird. Es gibt keine Ausländerfeindlichkeit als Grundströmung in der Bundesrepublik. Die Deutschen wissen genauso gut wie jedes andere Volk der Erde, daß Ausländerhaß krimineller politischer Schwachsinn ist. Sie wollen daher von den Parteien, die sie jahrzehntelang gewählt haben, vor diesem Vorwurf in Schutz genommen werden. Wenn die traditionellen Parteien das nicht einsehen, werden ihnen noch mehr Wähler davonlaufen als bisher. Kein Volk der Welt will sich ewig beleidigen lassen.

4. Der Schutz des ungeborenen Lebens

Die Väter und Mütter, alle Bürger wollen wissen, wie die Union über das ungeborene Leben denkt. Millionen fühlen sich in einem Lande nicht wohl, deren politische und moralische Repräsentanten um den heißen Brei herumreden, wenn es um Abtreibung geht.

Hierzulande ist eine Versuchsmaus zur Zeit mehr geschützt als ein drei Monate altes ungeborenes Baby, dessen Herz bereits schlägt, das auf Berührung reagiert, Purzelbäume schlägt, Daumen lutscht und die Stirn runzeln kann.

Um dieses ungeborene Kind zu schützen, muß die gegenwärtige Abtreibungspraxis durch ein Normenkontrollverfahren vor dem Bundesverfassungsgericht überprüft werden. Ich habe das jahrelang fast völlig alleine gefordert.

44

Jetzt endlich hat die CSU den Beschluß gefaßt, das Bundes-verfassungsgericht anzurufen. Wo aber bleibt die CDU? Und wo bleiben Betroffenheit und massiver Protest in den Medien? Fehlanzeige – da ist zur Zeit Tierschutz in. Tier-schutz ist ein großes, humanes Thema. Ein größeres ist der Embryoschutz.

Das ungeborene Leben ist kein strategischer Spielball von Politikern, sondern muß endlich durch einen Spruch der obersten Verfassungshüter vor opportunistischen Politikern geschützt werden. Das Familienministerium darf nie zu einem Abtreibungsministerium werden.

5. Die finanzielle und soziale Solidität

Die Union darf nicht der Versuchung erliegen, nur um sich der wechselnden Gunst eines äußerst launigen wie flüchti-gen Wahlpublikums zu versichern, die Sozialdemokratie beim Verteilen nicht bezahlter und nicht bezahlbarer sozia-ler Leistungen links überholen zu wollen.

Der anfängliche Eindruck verdichtet sich zur Gewißheit, daß Teile der Führung der CDU in Panik ihre politischen Rest-Weisheiten nach Berlin, Frankfurt und der Europa-wahl auf die Formel verkürzt haben: Machen wir's doch einfach der SPD nach und werfen mit beiden Händen das Geld unter die Leute, dann kann uns nichts passieren. Sie werden sich wundern, was dann passiert – Schönhuber kann sich die Hände reiben. Mit derlei Wahlgeschenken ver-schenkt man auf Dauer immer nur Glaubwürdigkeit – und das Geld des Wählers.

6. Die Sicherung der Landwirtschaft

Millionen Bauern und Landwirte schauen staunend und zunehmend verdrossen auf die Bonner Parteien, die nicht genug tun, um der lebenswichtigen Arbeit dieses Volksstandes wieder ein gerechtes Einkommen für schwerste Arbeit zu sichern.

Unsere Bauern wollen vor allem vernünftige Perspektiven, an denen sie ihre Lebensplanung ausrichten können. Sie haben darauf einen klaren Anspruch.

Fleiß zu belohnen statt Faulheit ist auf Dauer im Volke ohnehin glaubwürdiger als die lauen Lieder von Aussteiger-Idyllen und süßem Nichtstun anzustimmen und sich einer Schickeria zu widmen, die außer in der Sicherung ihres eigenen Luxus kaum einen sozialen Beitrag leistet. Die CDU darf nie die Partei links-liberaler Schicki-Mickis werden.

Der Bauer führt ein hartes, unromantisches Leben. Das ist nichts für die Medien. Der Schweinestall taugt nicht zum Showspektakel, die Kartoffellese gibt keinen Serienstoff her wie »Rennbahn« oder »Forsthaus«.

Die Nöte der Bauern sind meist nur Gegenstand pathetischer Deklamationen. Die Parteien haben bis zur Stunde der Landwirtschaft nicht einmal die Ansätze einer konkreten Vision ihrer Zukunft vermittelt. Hier hat die CDU eine große Aufgabe, die sie sehr schnell und überzeugend lösen muß.

7. Die geistig-moralische Führung

Die geistigen Werte der CDU sind oft nicht mehr zu orten, so sehr sind sie modisch-pragmatischem Opportunismus geopfert worden. Es ist kein Trost, daß es bei SPD und FDP in dieser Frage noch schlechter aussieht als bei der CDU. Unsere moralischen Werte von der Nächstenliebe bis zur Vaterlandsliebe müssen endlich wieder offensiv vertreten werden, und zwar nicht nur in politischen Deklamationen, sondern auch in der politischen Praxis.

Wir müssen klarmachen, daß diejenigen, die diese Grundwerte am heftigsten attackieren, häufig am meisten von ihnen profitieren.

Der Wiederaufstieg der CDU wird an dem Tag beginnen, an dem sie in unserem Land wieder die geistig-moralische Führung übernimmt und unserem Volk wie einst Konrad Adenauer wieder klare Werte, klare Ziele und klare Zukunftsperspektiven gibt.

Ich las dieser Tage die großformatige Anzeige einer renommierten deutschen Weltfirma mit dem Slogan, daß nicht Prinzipien, sondern Persönlichkeiten Geschichte machen. Stimmt. Nur fehlt der Zusatz, daß dies ausnahmslos Persönlichkeiten waren, die eiserne Prinzipien hatten.

Nichts langweilt die Menschen mehr als jene austauschbaren Macher, die alles machen, wenn es nur der Karriere nützt. Dagegen fasziniert die Menschen auch heute nichts mehr als Politiker, die um eines Wertes willen, den sie als richtig erkannt haben, alles tun, um diesen Wert zu beschützen und zu verteidigen. So wünsche ich mir die Union.

8. Der innere Frieden

Der Bürger will wissen, was sein darf und was nicht. Wenn in der Kriminalitätsstatistik für 1988 4,36 Millionen Verbrechen und Vergehen gegenüber 1,67 Millionen im Jahr 1963 festgestellt werden, dann müssen uns allen die Haare zu Berge stehen. Was ist los in unserem Land?

Bildwechsel. Maskierte Chaoten, Anarchisten und Terroristen marschieren brandmarkend durch Berlin Kreuzberg. Die Polizei weicht auf Anweisung des rotgrünen Senats zurück. Resultat: 350 verletzte Polizisten, dagegen nur 16 vorläufig festgenommene Chaoten. 12 davon werden am selben Tag noch auf freien Fuß gesetzt. Der Richter entläßt die letzten vier, weil sie »angetrunken« und damit nicht in der Lage gewesen seien, das Verwerfliche ihres Tuns einzusehen.

Millionen Bürger fassen sich an den Kopf: Keinem noch so kleinen Taschendieb kommt die Justiz mit solcher Schonung entgegen. Verkehrssünder kriegen nie Gnade.

Düsseldorfs umstrittener Innenminister Schnoor, der die Geiselnehmer von Gladbeck durch Unterlassung begünstigte, will jedem, der einmal die vorgeschriebene Geschwindigkeit mit mehr als 40 überschreitet, an Ort und Stelle den Führerschein abnehmen.

Aber in Hamburgs Hafenstraße schaut die Polizei zu, wenn ein geparkter Pkw von maskierten Straßengangstern angezündet wird. Niemand kassiert in der Hafenstraße Gebühren für Strom, oder Wasser oder Miete. Das einzige, was hier zu kriegen ist, ist Keile. Die folgende Meldung liest sich, als stamme sie von TV-Fabelwesen Alfs Heimatstern Melmac: »In der Hamburger Hafenstraße sendet auf 96,8 Megahertz ein illegaler Sender der Chaoten.« Und nun kommts: Der Deutschen Bundespost, die nie aufhört, sich modernster Funkmeßtechnologie zu rühmen, gelingt es angeblich nicht, diesen Sender zu orten.

Der einfache Bürger jedoch, der vergaß, ein »zum Empfang bereitgestelltes Radiogerät« bei der GEZ anzumelden, wird selbst dann von den Funk-Streifen der Post geortet, wenn er im Kohlenkeller unter zehn Bretterverschlägen und fünf Decken seinem Transistor lauscht.

Die Wahrheit ist: Die Post hört weg, weil niemand die Postler hinter die Stahltüren der kampfmäßig eingebunkerten Frontstraßen-Guerilla begleitet.

Der Terror und das Verbrechen haben in diesem Lande offiziell geduldete Freiplätze der Gewalt bezogen – Hamburgs Senat hat ihnen einen Persilschein ausgestellt.

Organisierte Verbrecher und Terroristen müssen das als Ermutigung ansehen, als Aufforderung, diesen Staat weiter zu verhöhnen und zu erpressen. Sie organisieren mit Hilfe geneigter Medien und Politiker sogenannte Hungerstreiks, die sich nicht nur wie im Falle des Mörders Dellwo als Farce aus Vollkost und Vitaminen herausstellen, sondern als Erpressungsversuch dieser Demokratie gemeint sind.

81 Prozent aller Bürger, so eine Umfrage, sehen das genauso. Vor allem nachdem herauskam, daß sich die behauptete Isolationsfolter in der Wirklichkeit als Luxusherberge hinter geöffneten Türen herausstellte, nach der sich normale Strafgefangene alle zehn Finger lecken.

Der Bürger sorgt sich um den inneren Frieden und verachtet den Staat, der zurückweicht. Den Bürger beschleicht der Unmut darüber, daß sich Medien und Staat mehr um die Täter als um die Opfer kümmern.

Die Strategie des Spiegel, den Versuch, das Recht vor dem Radikalismus zu retten, als »Geschrei nach Law and Order« zu diffamieren, liegt genau auf der Linie eines unbedachten Wortes des ehemaligen Hamburger Bürgermeisters Klaus von Dohnany in der Zeit (»Genau hinschauen«, 24.4.89). Dohnanyi orakelte, »daß Deutschland nicht an zu wenig, sondern an zu viel Ordnung kaputtgegangen ist«.

Welch ein blühender Unsinn: Deutschland ist zwischen 1933 und 1945 daran kaputtgegangen, daß die Nazis die rechtmäßige Ordnung dieses Landes außer Kraft setzten und Ordnung durch Willkür ersetzten. Und zuviel Ordnung heute – das ist lachhaft. Das ist Ablenkung. Es geht einzig und allein darum, daß die vom Volk gewünschte und gewählte demokratische Ordnung nicht erneut durch Gewalt unterlaufen wird. Das ist alles. Und deshalb sage ich Ja zu Recht und Ja zu Ordnung! Und Nein zur Hafenstraße, Nein zu Kreuzberg und Nein zu Verbrecherstreiks.

Unsere Bevölkerung hat einen Anspruch auf inneren Frieden und innere Sicherheit.

9. Bürgerrecht contra bürokratische Willkür

Franz Josef Strauß liebte pralle Bilder. Zum Beispiel dieses: *279 Wörter brauchen die Zehn Gebote. 300 die amerikanische Unabhängigkeitserklärung. 25911 die EG-Verordnung über den Import von Karamelbonbons.*

Ich nenne ein anderes Beispiel: Die Verordnung zur Bekämpfung der San-José-Schildlaus führt aus: »Eine Pflanze gilt als befallen, wenn sich an ihr mindestens eine San-José-Schildlaus befindet, die nicht nachweislich tot ist.« Regulierungen und Reglementierungen wuchern die Bürgerfreiheit zu. »Von der Wiege bis zur Bahre, Formulare, Formulare«, ironisierte die Satire jenen Moloch, der die Freiheit in Papier und Paragraphen erstickt.

Sicher hat die Regierung unter Kanzler Kohl in den letzten Jahren durch zwei Bereinigungs-Anläufe 42 Gesetze und Verordnungen aufgehoben. Aber was sind 40 gegen Tausende?

Die Durch-Normierung und Durch-Bürokratisierung des Staates galoppiert. Allein 1986 wurden 241 neue Gesetze und Verordnungen vom Stapel gelassen, die im Bundesgesetzblatt 2764 Seiten füllen. Ein Tante-Emma-Ladenbesitzer muß sich mit 200 Gesetzen herumplagen. Im Steuerrecht gibt es 15 verschiedene Einkommensbegriffe. Durchblick unmöglich.

Betriebe müssen gegenüber 42 Behörden Melde- und

»Warum müssen diese Quertreiber auch immer bremsen?«

Auskunftspflichten nachkommen. Ein Kleinbetrieb, stellte der Bund der Steuerzahler fest, braucht 39 Arbeitstage, um die verschiedenen Bestimmungen, mit denen er bedacht wurde, zu berücksichtigen und zu erfüllen. Der Amtsschimmel muß hierbei pro Jahr mit 50 Milliarden Mark gefüttert werden, damit er weiter wiehert.

Nach einer Schätzung des Bonner Justizministeriums aus dem Jahre 1986 könnten 5500 Gesetze und Verordnungen mit knapp 60.000 Einzelvorschriften aufgehoben werden. Und warum geschieht das nicht?

Die Beseitigung des bürokratischen Wasserkopfs ist ein Herzstück lebendiger Demokratie. Nicht nur die unternehmerischen Initiativen, von denen das Land profitiert, werden von Paragraphen gelähmt, behindert und eingeschüchtert. Selbst die letzte kleine Bürgerfreiheit wird durch das

Verfügungsgestrüpp zugewuchert. Ich fordere daher einen Bundesbeauftragten für Entbürokratisierung. Er muß jährlich der deutschen Öffentlichkeit einen Tätigkeitsbericht vorlegen, über den das Parlament öffentlich debattieren muß, mit dem Ziel, die Bürokratisierung drastisch zurückzuschneiden.

Für einen solchen Bundesbeauftragten darf keine einzige Planstelle zusätzlich geschaffen werden. Die nötigen Beamten könnten ohne Probleme aus den Bundesministerien abgezogen werden. Dort gibt es ohnehin zu viele. Schon heute sollten ferner für jedes neue Gesetz gleichzeitig zwei alte gestrichen werden. Wir müssen die bürokratischen Auswüchse in unserem Land kräftig zurückschneiden.

10. Umweltpolitik – die Versöhnung von Ökonomie und Ökologie

Glykol im Wein und das Ozonloch am Himmel. Strahlende Molke und sterbender Wald. Giftmüll und Algenpest. Robbentod und Formaldehyd. Umweltpolitik ist unbestreitbar die ganz große Herausforderung unserer Zeit. Daran gibt es nichts zu deuteln. Wer das nicht einsieht, versündigt sich an den kommenden Generationen.

Leider wird die auf Sensationen getrimmte Umweltberichterstattung dem Ernst der Lage nicht gerecht. Die Medien werfen wirkliche Katastrophen und hausgemachte Gift-Skandale immer wieder in ein und denselben Horrortopf.

In dem veranstalteten Öko-Zirkus weiß niemand mehr, was gefährlich ist und was nur manipulierte Hysterie professioneller Körner- und Kräuterseppel, die ihren Anti-Technowahn abreagieren wollen, und wo unter dem Öko-Kostüm auch noch ein antidemokratischer Dolch mitgeführt wird. Fest steht für mich: Die Umwelt muß im Themenkatalog der Politik ganz vorne stehen, weil wir unseren Kindern einen Planeten hinterlassen müssen, der lebenswert ist, und auf dem sie in Frieden und mit Freude gesund leben können.

Die CDU muß hier gerade als konservative, das heißt *bewahrende* Partei, die wegweisende politische Kraft werden, die eine Strategie für die Aussöhnung von Ökologie und Ökonomie entwickelt und praktiziert. Die Umweltprobleme sind viel zu ernst, als daß man sie grünangestrichenen Pamphletisten und selbsternannten Giftpolizisten, die diesem Land einreden wollen, alles sei kaputt und häßlich, als Spielwiese überlassen dürfte.

Umweltpolitik heißt schlicht und einfach, daß eine moderne Industrienation wie die Bundesrepublik Deutschland die Natur als Existenzgrundlage für eine lebenswerte Zukunft anerkennt.

Beispiel: Wenn die Wissenschaft erkennt – und das hat sie überzeugend getan! – daß bestimmte Treibgase für Spraydosen eine der Hauptursachen für das lebensbedrohende Ozonloch sind, weil die Fluorchlorkohlenwasserstoffe der Spray-Industrie durch ihre tödliche Langlebigkeit den Ozongehalt der Stratosphäre vermindern, dann muß die Union darauf dringen, daß diese Treibgase vom Markt verschwinden – und zwar nicht morgen, sondern heute in Deutschland und in Europa. Die CDU muß als Wertepartei erkennen, daß einer der größten aller Werte eben diese Erde mit ihren natürlichen Lebensbedingungen ist. Umweltpolitik muß höchste Priorität erhalten und darf nicht als Alibi im Schlußpaket der politischen Parolen mitgeschleppt werden.

Umweltpolitik ist praktizierter Generationen-Vertrag: Wir dürfen unseren Kindern keine geplünderte und verpestete Umwelt hinterlassen. Genau deshalb muß den Kindern bereits in der Schule die Umwelt-Problematik vertraut gemacht werden: Das Fach Umwelterziehung muß bundesweit in die Lehrpläne – auch in den weiterführenden Schulen. Für Politiker wie Pädagogen eine völlig neue Disziplin, in der sie letztlich alle nochmal auf die Schulbank müssen. Schlafwagenpolitik wäre in der Umweltpolitik lebensgefährlich.

III

VOM PAZIFISTISCHEN CHARME DER STÄRKE

– Sicherheit und Außenpolitik –

Steht ein Jubiläum ins Haus, ist Tremolieren angesagt. Kaum war die Nato 40 Jahre alt, dankte alle Welt dem militärischen Abwehr-Bündnis des Westens für 40 Jahre Frieden. Gut so! Und Heiner Geißler schlug den nordatlantischen Truppenpakt sogar für den Friedensnobelpreis vor. Noch besser!

Aber als das Jubiläum vorbei war, zog wieder der Alltag ein. Die Nato wurde mit atemberaubender Geschwindigkeit wieder zu einem Relikt aus dem Kalten Krieg. Die Bundeswehr, der Wehrdienst, die Verteidigungsbereitschaft, die Modernisierung und Ausbildung der Armee – das sind längst alles wieder die von den Medien aufgefächerten Minus-Themen mit negativem Image.

An die Stelle der öffentlichen tritt wieder die veröffentlichte Meinung. Rotgrün gibt dabei den defätistischen Unterton an. Nicht nur gegen Nato und Bund, sondern gegen nahezu alle Werte, welche die Demokratie in dieser Republik in der Nachkriegszeit gegen linken wie rechten Extremismus geschaffen hat. Und Rotgrün ist seit Berlin und Frankfurt nun wirklich kein Phantom mehr. Ein rotgrünes Bonn würde seine Langzeit-Strategie gegen zwei elementare Bausteine dieser Republik richten: gegen Atom und Armee, um damit unsere Gesellschaft in ihrem wirtschaftlichen, sozialen und moralischen Gefüge zu treffen.

Gegen das Atom. Eine der ersten Maßnahmen der rotgrünen Koalition in Westberlin war der Austritt aus dem von Helmut Schmidt zuwege gebrachten Stromverbund mit der DDR. Grund: Der neue Senat will keinen Strom aus der Bundesrepublik, da damit Atomstrom nach Berlin flösse.

Fällt die Kernenergiewirtschaft, verliert die Bundesrepublik ihre energiepolitische Geschäftsgrundlage. Sie wird

Atomstromimporten der UdSSR oder Frankreichs ausgeliefert. Daß die Atomstromimporte aus diesen Ländern aus Kernkraftwerken kommen, die bei weitem nicht den an der Weltspitze liegenden Sicherheitsstandards unserer Kernkraftwerke entsprechen, sei nur am Rande vermerkt.

Gegen die Armee - und damit verbunden gegen die Strategie der Abschreckung. Das geht am leichtesten, da viele Menschen durch großgeschriebene Friedensparolen leicht ansprechbar sind, dagegen bei Appellen an die Verteidigungsbereitschaft eher schwerhörig bleiben.

Wie brisant diese Agitation contra Bundeswehr ist, zeigen die jüngsten Aufrufe zur Wehrdienstverweigerung vor jener Medien-Kulisse, aus der dem Land soufliert wird, seit Gorbatschows Glasnost seien Bundeswehr und Abwehrbereitschaft im Grunde überflüssig.

Frieden und Phrasen

»Schwerter zu Pflugscharen«, diese von Regimegegnern in der DDR mittelalterlichem Kriegsleid entliehene Losung, offenbart die Sehnsucht aller Menschen nach Sicherheit, Freundschaft und Frieden statt Krieg. Kein anderes Wort hat für die Menschen mehr Gewicht als der Begriff Frieden.

Wir müssen den Begriff Frieden jedoch genauer fassen. Das ursprüngliche altgermanische Substantiv *vride* korrespondierte aufs engste mit dem Begriff Freunde. Definiert wurde Frieden mit Schonung und Versöhnung – der Begriff Frieden bezeichnete im germanischen wie im alten deutschen Recht »den Zustand der ungebrochenen Rechtsordnung als Grundlage des Gemeinschaftslebens.« Diese Definition gilt uneingeschränkt auch für die heutigen internationalen und zwischenmenschlichen Beziehungen.

Bedenken wir aber auch dies: Kein anderer Begriff ist so

mißbraucht und in sein Gegenteil verkehrt worden. Mit keinem anderen Wort ist mehr Verwirrung und Unfrieden gestiftet worden. Nahezu alle Schandtaten wurden im Namen des Friedens begangen. Niemand sprach in den dreißiger Jahren häufiger vom Frieden als Hitler.

Wir sollten auch jene Sektierer, Chaoten, Weltverbesserer, Endlöser und »Befreiungs-Kommandos« nicht vergessen, die unter dem Markenzeichen Frieden nichts anderes als Gewalt und Mord praktizieren – von der Frankfurter Startbahn West bis Beirut. Der Begriff Frieden ist zutiefst desavouiert worden. Selbst der Begriff Friedensbewegung enthält durch das gestörte Verhältnis ihrer Aktivisten zur Gewalt eine Unschärferelation, die Begriffsverwirrung stiftet.

Sicher ist nicht daran zu zweifeln, daß die Mehrheit friedensbewegter Demonstranten, gleich wo, aus Sorge um Frieden auf die Straße geht. Nur: Im Namen des Friedens zu demonstrieren, verleiht niemandem automatisch den Anspruch auf den Titel eines Friedensstifters. Hinter solchen Demonstrationen haben oft genug ganz andere Ziele als die des Friedens gestanden. Nicht selten verbergen sich hinter den Friedens-Schalmaien straff organisierte und ferngelenkt funktionierende Gewalt-Kommandos.

Die eigentliche Schwierigkeit bei der Definiton des Begriffs Frieden beginnt mit der Überlegung, ob dieser Frieden, diese Freundschaft, diese zwischenmenschliche, internationale Übereinkunft, dieser Zustand der »ungebrochenen Rechtsordnung« durch den Staat mit Gewalt geschützt und verteidigt werden darf.

Jene, die bei der Antwort auf diese Frage in Gewissensnot geraten, die etwa die Bergpredigt als Absage gegen den materiellen staatlichen Schutz des Friedens begreifen, werden mir kaum folgen können, wenn ich darauf hinweise, daß es nie in der menschlichen Geschichte ein Land gab – und es auch nie geben wird –, dem es gelungen wäre, seinen Frieden und seine Freiheit ohne die Bereitschaft zur Verteidigung zu erhalten. Niemand geht palmwedelnd in die Feuersalven seiner Vernichter.

Der hinreißend schlau klingende Spruch »Stell dir vor, es

gibt Krieg und keiner geht hin«, hat – leider Gottes – nur kabarettistischen Slapstickwert. Sonst taugt er zu nichts. Wege zu Frieden und Sicherheit sind nicht mit Slogans gepflastert.

Montebello 1983

Als die Regierung Kohl-Genscher antrat, war ihr Ziel: »Frieden schaffen mit immer weniger Waffen.« Die Koalition hat nie viel darüber geredet, sie hat einfach damit begonnen, die Bundesrepublik von allen jenen Waffen zu befreien, die wir nicht benötigen, um unser Land zu verteidigen.

Nahezu unbemerkt von der Öffentlichkeit, ist hier Sensationelles geschehen, was gewisse Medien verschweigen. Zwei dieser Sensationen:

1. Noch nie waren in der Bundesrepublik weniger Atomwaffen gelagert als heute. Unter Willy Brandt und Helmut Schmidt lagerten in unserem Land erheblich mehr der Nato zugeordnete Atomgefechtsköpfe als unter Helmut Kohl. Was wenige wissen: Aufgrund der Beschlüsse von Montebello, die 1983 auf Wunsch der Bundesregierung zustande kamen, wurde de facto vereinbart: Für jeden Nukleargefechtskopf, der im Zuge der Modernisierung neu in unser Land kommt, werden fünf andere Atomgefechtsköpfe abgerüstet.

2. Spätestens ab 1992, wahrscheinlich jedoch schon ab 1990, wird die Bundesrepublik ein völlig chemiewaffenfreies Land sein. Die USA werden bis zu diesem Zeitpunkt definitiv und kontrolliert alle ihre chemischen Waffen aus Deutschland abziehen.

Dieser Exodus einer ganzen Waffenkategorie ist ein Erfolg, den die CDU/CSU in zähen Verhandlungen mit den Amerikanern erreichte. Das war im Juni 1985. Willy Wimmer und ich waren dabei, als Alfred Dregger damals mit Weinberger im Pentagon den Abzug der chemischen Waffen aus der Bundesrepublik Deutschland verhandelte. Ich selbst hatte diese Entscheidung in zahlreichen Vorgesprächen in Washington vorbereitet.

Entscheidend für unseren Erfolg, den die SPD 13 Jahre lang vergeblich anstrebte, war, daß die Amerikaner das sichere Gefühl hatten, mit verläßlichen Bündnispartnern zu sprechen. Helmut Kohl zurrte beim Weltwirtschaftsgipfel in Tokio 1986 zusammen mit Reagan diese Gespräche in rechtlich verbindlicher Form fest. Er hat dabei zusätzlich erreicht, daß selbst im Verteidigungsfall chemische Waffen nur mit ausdrücklicher Zustimmung der Bundesregierung in unser Land gebracht werden können.

Inzwischen hat die neue US-Regierung signalisiert, daß sie, den Wünschen der Bundesregierung entsprechend, ihre chemischen Waffen sogar noch früher als vorgesehen aus der Bundesrepublik Deutschland entfernen wird.

Es gibt keinen einzigen Fall, in dem die SPD einen vergleichbaren Souveränitätsgewinn für unser Land herausgeholt hat.

Abrüstung und Abschreckung

Dennoch bleibt genügend sicherheitspolitischer Zündstoff, an dem sich fortwährend friedensbewegte Demonstranten und pazifistische Mahner entflammen. Dies ist gut so, weil es Gelegenheit gibt, über das Problem des Friedens und der Friedenssicherung nachzudenken und sachlich zu diskutieren.

Bei dieser Diskussion ist vor allem eine Erfahrung ins Gedächtnis zu rufen: Die Geschichte hat bewiesen, daß Völker, die wie die Deutschen zur Zeit sowohl ihren Sicherheitsinstinkt wie auch ihren Willen zur Selbstverteidigung verlieren, nicht die geringste Chance haben, historisch zu bestehen. Sie sind gnadenlos dem Untergang, der Geschichts- und Gesichtslosigkeit ausgeliefert.

Zugegeben: Pazifistisches Vokabular hat es vergleichsweise leicht, in der öffentlichen Meinung anzukommen. Es verfängt ob seiner Friedfertigkeit automatisch und stößt in weiten Kreisen auf oft uneingeschränkte Gegenliebe.

Nur: Die Verwendung von Worten allein gibt nicht den geringsten Aufschluß darüber, ob das, was diese Worte als Sinn-Inhalt vorgeben, realistisch und vor allem so gemeint ist. Aber leider spielt die Sprache, die Semantik in der massenpsychologischen Wirksamkeit eine entscheidende Rolle: Worte wie *Abrüstung* klingen a priori einleuchtend, friedensbereit und zutiefst menschlich. In dem Begriff *Abschreckung* hingegen steckt nun einmal das eher schockierende Substantiv *Schreck*. Im Wettlauf der Begriffe um die Gunst des Publikums hat *Abrüstung* naturgemäß immer vor *Abschreckung* die Nase vorn – ein semantisches Ereignis, aus dem hierzulande ganze Medien-Seilschaften ihren agitatorischen Honig saugen. Durch die Bank verschafft diese semantische Lage den Friedensbewegten einen psychologischen General-Vorteil: Das angenehm entspannende Wort *Truppenabzug* hat immer Vorfahrt vor dem kriegerisch besetzten Begriff *Nachrüstung*.

Wie zwangvoll mutet der Begriff *Wehrdienstverlängerung* gegenüber dem der aufsässig frohlockenden *Wehrdienstverweigerung* an.

Der Nonsens-Begriff *Atomwaffenfreie Zone* klingt trotz der ihm zutiefst innewohnenden Unlogik (welche Zone würde im Konfliktfall schon von Atomwaffen verschont?) freud- und friedvoller als *nuklearer Sicherheits-Schild*.

Neurosen-Szenarien

Herta Sturm wies in einer glänzenden Analyse auf das psychologische Phänomen hin, wonach die begrifflichen Inhalte von Worten in Minutenschnelle vergessen sind, während die emotionellen Botschaften ein und derselben Worte haften bleiben.

Der Begriff *Abrüstung* transportiert eine geballte Gefühlsladung Hoffnung in den seelischen Haushalt, während *Abschreckung* das schlechte Gefühl von, wenn auch diffusen Bedrohlichkeiten erzeugt. Der eine Begriff orchestriert Hoffnungen, der andere Ängste.

Spiegel-Autor Erich Wiedemann hat in seinem Report »Die Ängste der Deutschen« (Berlin 1988) die Strategie der Panikmache beschrieben und festgestellt, daß es dabei den Angsttrompetern vor allem auf den systematischen Nachschub irrationaler Neurosen-Szenarien ankomme: »Ängste folgen einer reproduktiven Logik. Etwa so: Eine Bedrohung, die sinnlich nicht erfaßbar ist, muß besonders bedrohlich sein, eben weil man sie sonst sähe.« (S.33)

Und wenn das Volksempfinden erst einmal eine Bedrohung liebgewonnen hat, läßt es sich diese nicht mehr entwinden. Wiedemann: »Wer gegen Moralpositionen anargumentiert, der zieht immer den Kürzeren, ganz gleich, ob er recht hat oder nicht. Das Volk will nicht vorrangig wissen, was richtig ist, sondern was gut ist. Volkes Logik sagt: Was gut ist, das muß irgendwie richtig sein.« (S.213)

Diese semantische Großwetter-Lage müßte Bonn normalerweise dazu anregen, mit Courage, Deutlichkeit, aber auch mit sprachlicher Sensibilität die sicherheitspolitischen General-Wahrheiten offen auszusprechen und zugleich dazu zwingen, alle erforderlichen militärischen Verteidigungsmittel bereitzustellen.

Bonn kann dabei auf illustre Tatbestände aus jüngster Geschichte hinweisen. Wiedemann: »Das Washingtoner Mittelstrecken-Abkommen vom 8. Dezember 1987 wäre ohne das beharrliche Bekenntnis des Westens zur Politik des dicken Knüppels nicht zustande gekommen.« (S.106) Das gilt auch für die von Gorbatschow verkündete Politik einer zögerlichen, aber dennoch bemerkenswerten Öffnung gegenüber dem Westen und eines Demokratisierungsprozesses im Innern des Sowjetreichs.

Glasnost und Euphorie

Nur: Glasnost ist vor allem ein innersowjetisches Phänomen, ein Demokratie-Nachholprozeß von beachtlichen Ausmaßen. Möglicherweise führt dieser Prozeß eines Tages auch zu einem fundamentalen Umdenken in der sowjetischen Sicherheits- und Außenpolitik. Aber davon kann heute noch nicht die Rede sein. Solange die UdSSR über eine konventionelle Waffen-Überlegenheit von 3 : 1 verfügt, muß die westliche Position gestärkt werden. Gegen das konventionelle Schwert der Sowjetunion muß der Westen sein nukleares Schild in Bereitschaft halten.

War es wirklich richtig, alle Mittelstreckenraketen größerer Reichweite zu beseitigen, bevor die Sowjetunion ihre erdrückende konventionelle Überlegenheit abbaut?

Ich meine, die Nato hat in den letzten Jahren in beeindruckender Weise ihre Bereitschaft unter Beweis gestellt, ihr Nuklearwaffenpotential auf ein Minimum zu reduzieren. Als Faustpfand hätte der Westen jedoch wenigstens eine geringe Mindestreserve an *Mittelstreckenraketen größerer Reichweite* so lange in Bereitschaft halten müssen, bis die Sowjetunion ihre konventionelle Übermacht abgebaut hätte, die die Sicherheit unseres Landes existentiell bedroht. Die doppelte Null-Lösung für Mittelstreckenraketen könnte sich eines Tages als Fehler von historischer Tragweite herausstellen.

Statt in Glasnost-Euphorie zu verfallen, sollte der Westen dreierlei in seine Sicherheitspolitik integrieren:

Die Nato muß die nach der doppelten Null-Lösung ver-
bliebenen Nuklear-Waffen modernisieren. Sie muß dabei
vor allem auf Waffen bestehen, die von Westeuropa aus die
UdSSR erreichen.

Um den militärstrategischen Optionsverlust der Null-Lösung bei weitreichenden Mittelstreckenflugkörpern auszu-
gleichen, brauchen wir zumindest see- und luftgestützte
Marschflugkörper, die sowjetisches Territorium unter Risiko halten und dadurch mithelfen, daß niemand in der
Sowjetunion auf gefährliche Gedanken kommt.

Die objektive Bedrohung unserer Sicherheit geht schließlich vorrangig nicht von Ungarn, Polen, der CSSR oder der
DDR aus, sondern von der Sowjetunion.

Zur Zeit können von der Sowjetunion aus 12.000 Atomgefechtsköpfe unser Land erreichen, während nach der
Null-Lösung für landgestützte (!) Mittelstreckenflugkörper
und der Beseitigung der rund 200 Pershing-II und landge-
stützten Marschflugkörper aus unserem Land kein einziger
Atomgefechtskopf mehr von unserem Gebiet aus die Sowjetunion erreichen kann.

Die so hochgepriesene und von den linken Medien begei-
stert gefeierte Null-Lösung heißt in Wirklichkeit 12.000 : 0
zugunsten der Sowjetunion. Dabei kann es nicht bleiben.

Eine weitere Null-Lösung für Kurzstreckenraketen unter
500 km Reichweite widerspricht unserer Sicherheit. Sie
würde die konventionelle Überlegenheit der Roten Armee
steigern. Die überalterten Nato-Kurzstreckenraketen (nur
90 Lance stehen zur Zeit 1.500 Kurzstreckenraketen der
Sowjets gegenüber) müssen daher durch ein modernes System mit einer Reichweite von 450 bis 500 km ersetzt werden. Die Vertagung der Entscheidung hierüber auf 1992 ist
eine populistische und opportunistische Fehlentscheidung.

Abrüstung muß unbeschadet ihrer hohen Priorität wieder
eine dienende Funktion übernehmen. Sie muß den Frieden
sichern, sie darf niemanden durch die Demonstration militärischer Schwäche und Handlungsunfähigkeit zu Abenteuern
ermuntern. Der Moskauer Administration muß das Risiko
verdeutlicht werden, in das ihre Politik liefe, wenn sie zu

politischen oder militärischen Aggressionen überginge. Mit dem Frieden darf es keine Experimente geben.

Armee ohne Image

Die Bundeswehr steht vor schwerwiegenden personellen Problemen, die Struktur, Präsenz und Einsatzbereitschaft der Teilstreitkräfte negativ berühren.

Unserer Armee fehlt allerdings die nötige, von den Medien korrekt multiplizierte Attraktivität und jener politische Rückhalt, ohne den die beste Armee der Welt im Regen steht. Allein: Zwischen dieser Erwartung und der Realität klafft ein Abgrund von Versäumnissen.

Während der Tiefflieger-Debatte etwa hatten Millionen Bürger zuweilen das Gefühl, daß es sich bei unseren Piloten um die Soldateska eines angreifenden Gegners handelte. Bonn hat zu oft tatenlos zugeschaut, wie die Bundeswehr von den Medien regelrecht als überfälliger Ballaststoff aus Kalten-Kriegs-Zeiten denunziert wurde, während gleichzeitig jeder blutige Kampf-Hubschrauber der Roten Armee, der das in Schutt und Asche gelegte Afghanistan verließ, zur motorisierten Friedenstaube idealisiert wurde.

Wie will man vor diesem hausgemachten Negativ-Background etwa Bundeswehr-Personal aus der freien Wirtschaft gewinnen und finanzieren? – Von der Attraktivität der Bundeswehr bei Wehrpflichtigen ganz zu schweigen. Bereits jetzt fehlen hochqualifizierte junge Berufsoffiziere im technologischen Bereich.

Im Klartext: Nur ein Imagewandel der Armee und eine verbesserte Besoldung wird die Bundeswehr in die Lage versetzen, über das Jahr 2000 hinaus über genügend qualifizierte Beurfsoffiziere und Unteroffiziere zu verfügen. Eine nur halbherzig finanzierte Armee ist eine überflüssige Armee.

Natürlich ist dies nicht nur die Sache Bonns, sondern auch die des Bekenntnisses aller politischen Parteien zum Wehrdienst und zu einer Bundeswehr, die in der Lage ist, ihren Verteidigungsauftrag zu erfüllen.

Aber wie sieht die Realität aus: Im September 1988 wendet sich der SPD-Parteitag in Münster gegen die öffentlichen Gelöbnisse der Bundeswehr. Im März 1989 geht die IG Metall zum Frontalangriff über und plädiert für eine »hunderttausendfache Wehrdienstverweigerung«. Die sieben Tage lange Pause, die IG-Metall-Chef Steinkühler brauchte, um sich von diesem Appell zu distanzieren, dürfte zu einer der beredtesten strategischen Denk-Pausen der Nachkriegszeit gehören.

Das Heer der 90ger Jahre, weitgehend gekadert, wird so gut oder so schlecht sein, wie es uns gelingt, die politisch schwer durchsetzbaren frühen Mobilmachungs-Entscheidungen rechtzeitig (!) im parlamentarischen Bereich zu erreichen. Auch in dieser Frage sind wir nicht ausreichend vorbereitet.

Bei einem massiven Angriff des Warschauer Paktes geben die kurzen Mobilmachungs-Zeiten von heute keine Chance, eine grenznahe Vorneverteidigung zu erreichen.

Ein Krieg würde mitten auf unserem Territorium stattfinden. Das ist keine akzeptable Perspektive!

Medienzirkus Glasnost

Gorbatschows Politik zielte von Anfang an darauf ab, parallel zu allen anderen politischen Zielen, die nicht bestritten werden sollen, einen Medienwirbel zu erzeugen, der aller Welt suggerieren sollte, daß sich die Sowjetunion von einer waffenstarrenden Offensivmacht aggressiver Falken zu einem abrüstungswilligen Friedensverein softer Tauben gewandelt habe.

Diese Medien-Inszenierung ist Gorbatschow in dem Maße geglückt, wie ihm die Veränderung der sozialen und wirtschaftlichen Lage seines Landes mißglückt ist. Genau in der Mitte zwischen dem Medien-Anspruch einerseits, der zur westlichen Hoffnungserweckung gestiftet und von den Medien im Westen multiplizierend hochstilisiert wurde, und der Verrottung der sozialen Lage des Sowjetbürgers andererseits liegt die eigentliche Problematik Gorbatschows. Exakt in dieser Grauzone politischer Unwägbarkeit wird das Schicksal von Glasnost und Perestroika entschieden – darüber können auch die innerparteilichen und staatlichen Demokratisierungs-Experimente nicht hinwegtäuschen. Gorbatschows Chancen durchzukommen, stehen optimistisch gesehen 50 : 50.

Zweifellos hatten die März-Wahlen von 1989 in der UdSSR große Bedeutung. Es ist zu hoffen, daß dieser Trend zur Liberalisierung in der Sowjetunion anhält. Nur: Es gibt keinerlei Garantien, daß die Hoffnungen auf das außenpolitische »Neue Denken« in der Sowjetunion eines Tages nicht wie bei Chruschtschow wie Seifenblasen zerplatzen. Was ist, wenn es Gorbatschow eines Tages nicht mehr gibt, wenn die Ligatschows wiederkehren?

Das sind Fragen, die jene, die Gorbatschows PR-Aktionen im Moskauer Glasnost-Zirkus täglich dem deutschen Fensehpublikum mit leuchtenden Augen vorführen, eigentlich auch einmal beantworten müßten.

Aber der Ruf der deutschen Öffentlichkeit nach solchen Antworten ist nicht laut. Im Gegenteil: Gorbatschow, oberster Befehlshaber der Roten Armee, ist in den Augen der deutschen Bundesbürger vor allem nach seinem triumphalen Bonn-Besuch nach allen Meinungsumfragen der beliebteste Staatsmann der Welt, ungleich beliebter als in der UdSSR.

Sein persönlicher Charme und vieles andere mehr mögen dies erkären, auch die massive rotgrüne Propagandakampagne, die für ihn in den deutschen Medien stattfindet. Und trotzdem bleibt diese Beliebtheit ein Phänomen: Kein anderes Volk der Welt liebt den Chef der Besatzungsarmee, die ein Drittel seines Landes seit 45 Jahren der Freiheit beraubt.

Wir aber lieben die Besatzer unserer Landsleute in der DDR. Wie großherzig dies doch ist! Vor allem, wenn man nicht selbst besetzt ist, sondern eben nur jene Landsleute in der DDR jenseits des Eisernen Vorhangs.

Ein Franzose, ein Engländer, ein Pole oder ein Tscheche könnte sich zu dieser Form der Feindesliebe wohl kaum durchringen. Unsere führenden Politiker jedoch sind stolz darauf. Ist auch unser Volk in seinem tiefsten Innern stolz auf diese Form der Feindesliebe, oder traut es sich nur nicht mehr, seine eigene Meinung den übermächtigen Forderungen des angeblichen Zeitgeistes entgegenzustellen?

Normal ist dieser Zustand jedenfalls nicht. Normal wäre, wenn es in Deutschland und vor allem in der DDR wie in fast allen besetzten und unterdrückten Ländern der Welt massiven Widerstand gegen die sowjetischen Besatzer und natürlich auch gegen das Honecker-Regime gäbe. Solidarnosc könnte hier ein Vorbild sein.

Wir sind kein Volk zweiter Klasse. Wir sollten uns daher auch nicht wie ein Volk zweiter Klasse behandeln lassen.

Symphonie in Glasnost-Dur

Auch vor dem folgenden Spektakel drücken die PR-Freaks der Perestroika beide Augen zu. Während nämlich die vereinigten Schalmaien-Orchester zwischen Wladiwostock und Odessa die Friedens-Symphonie in Glasnost-Dur intonieren und gleichzeitig den Westen mit einer Sturzflut von sogenannten Abrüstungsvorschlägen überschwemmen, verstärkt die Sowjetunion unablässig und ohne jede Hemmung ihre konventionelle Rüstung, obwohl sie bereits heute beim kampfentscheidenden Großgerät, Panzern, Schützenpanzern, Artillerie und Flugzeugen, eine militärische Überlegenheit von insgesamt rund 3 : 1 besitzt.

Im atomaren Bereich modernisiert Moskau im selben Atemzuge seine Kurzstrecken-Raketen mit Reichweiten bis zu 500 Kilometern. Moskau stellt ferner mit der SS-25 eine neue bewegliche strategische Atomrakete auf, die alle - ich wiederhole: alle - Ziele in Westeuropa erreicht und damit, sowie durch ihre Mobilität, einen mehr als vollwertigen Ersatz der SS-20 darstellt. Kurz: Glasnost begleiten alle unsere guten Wünsche. Wir drücken Gorbatschow den Daumen. Aber wir sollten auch uns die Daumen drücken.

Denn in Sachen Sicherheit gilt nicht der agitatorische Schein, sondern militärische Wirklichkeit. Gorbatschow muß daher die militärische Überlegenheit der Roten Armee und ihrer Verbündeten drastisch auf jenes Maß reduzieren, das dem des Westens entspricht, bevor wir dem Frieden trauen dürfen.

In der Zwischenzeit darf der Medienzirkus nicht unwidersprochen vertuschen, daß Moskau bislang außen- und sicherheitspolitisch lediglich die Show verändert hat, nicht die Strategie.

Gorbatschows PR-Obristen ist es gelungen, den seit Stalins Zeiten unglaubwürdig gewordenen Moskauer Friedens-Appellen ein kosmopolitisches Appeal zu verleihen. Stalin sagte in einem Moskauer Vortrag 1937: »Frieden ist unser Hauptziel.« Chruschtschow ließ 1961 im Parteiprogramm der KPdSU festlegen: »Der Krieg kann und darf nicht als Mittel zur Lösung internationaler Streitfragen dienen.« Das hat ihn und seine Nachfolger nicht davon abgehalten, in Afghanistan einzufallen und sich in Afrika, Vietnam, Kambodscha und zahlreichen anderen Ländern der 3. Welt und des eigenen Machtbereichs militärisch direkt und indirekt einzumischen.

Konventionelles Kräfteverhältnis
vom Atlantik bis zum Ural Stand Februar 1989

	NATO	WP	Verhältnis
Soldaten	2,214 Mio	3,09 Mio	1 : 1,4
Kampfpanzer	16.424	51.500	1 : 3,1
Artilleriesysteme	14.458	43.400	1 : 3,0
Kampfflugzeuge	3.977	8.250	1 : 2,0

Kräfteverhältnis im Bereich chemischer Waffen
in Europa Stand Februar 1989

	NATO	WP	Verhältnis
Chemische Kampf-stoffe (in Tonnen)	42.000	350.000	1 : 8
Chemische Kampf-truppen (Soldaten in Europa)	4.700	100.000	1 : 20

Kräfteverhältnis nuklearer Gefechtsfeldraketen
vom Atlantik bis zum Ural Stand Dezemeber 1988

	NATO	WP	Verhältnis
Mittelstreckenraketen kürzerer Reichweite 150 bis 1.000 km	72 Pershing IA*)	570 SCUD	1 : 7,9
Kurzstreckenraketen bis 150 km	88 LANCE	ca. 220 SS-21	1 : 9,4

71

Täuschung oder Trend

Bekundungen sind Schall und Rauch, wenn ihnen keine Taten folgen oder Untaten die Parolen widerlegen. Das gilt auch für Glasnost und Perestroika. Denn bei allen Demokratisierungs-Tendenzen muß festgestellt werden: Von wirklicher Demokratie ist das Lichtjahre weit entfernt. Was die Medien hier tunlichst herunterspielen: Von freien Wahlen konnte auch im März 1989 nicht die Rede sein.

Denn: Der sowjetische Bürger konnte nur zwischen Kandidaten entscheiden, welche ihm die alles beherrschende Staatspartei KPdSU vorsetzte. Der Sowjetbürger hatte somit nur die Chance, zwischen größeren und kleineren Übeln ein- und derselben Staatspartei und deren monolithischem Zentralprogramm zu entscheiden. Eine Wahl zwischen verschiedenen Parteien und Programmen, so wie sie jetzt in Ungarn in Angriff genommen wurde, steht in der UdSSR auch unter Gorbatschow überhaupt nicht zur Diskussion. Die Prawda: »Sogenannte freie Wahlen nach westlichem Muster mit verschiedenen Parteien sind in der UdSSR nicht nötig, weil in der KPdSU alle demokratischen Kräfte optimal vertreten sind« (9.12.88).

Am 3. April 1989 kritisierte die Prawda die ungarischen Oppositionsparteien, sie würden zur »Abschaffung des Sozialismus« aufhetzen. Der Prawda-Artikel markierte unübersehbar die Grenze zwischen Diktatur und Demokratie.

Es ist nicht ausgeschlossen, daß Gorbatschows Glasnost in erster Linie darauf abzielt, der sowjetischen Diktatur eine medienmäßig gut zu vermarktende Stromlinie zu verleihen, statt wirklicher Demokratie eine Chance zu geben.

Deswegen bleibt die UdSSR trotz Glasnost-Public-Relation unberechenbar. Kurz: Auch in Zukunft muß es Hauptstück deutscher, westlicher Sicherheitspolitik sein, durch massive Waffenreduzierungen vor allem des Warschauer Pakts ein Gleichgewicht der militärischen Optionen von Ost und West – möglichst auf einem zahlenmäßig niedrigerem Niveau der Waffen – zu erreichen.

Moskau muß seine konventionelle Dreifach-Übermacht abbauen. Sobald das geschehen ist, können Ost und West gemeinsam die konventionelle Abrüstungs-Spirale nach unten drehen.

Außerdem gehört ins Zentrum der Sicherheitsdebatte der unmittelbare und brisante Zusammenhang zwischen politischer Ursache und militärischer Wirkung. Die Hochrüstung in Ost und West ist nicht Ursache des Ost-West-Konflikts, sondern ihre Folge. Die Hauptursache des Ost-West-Konflikts liegt in der systematischen Verweigerung des Selbstbestimmungsrechts im gesamten Ostblock, vor allem in der DDR. *Erst wenn in der Frage des Selbstbestimmungsrechts sichtbare Änderungen eintreten, wenn sich also Glasnost vom Medienzirkus zur praktizierten Realität fortentwickelt, wird in Europa ein neues Zeitalter beginnen.*

Ich hoffe auf dieses Zeitalter und kämpfe für dieses Zeitalter, in dem unsere Kinder mit russischen Kindern genauso selbstverständlich Freundschaften schließen werden wie heute mit jungen Franzosen und jungen Amerikanern.

In diesem Zeitalter wird auf der Basis von Selbstbestimmung und Menschenrechten Abrüstung eine Selbstverständlichkeit ohne Risiko sein.

Bonn und Moskaus Machtspiel

Bis zu diesem Zeitpunkt steht die Zugehörigkeit der Bundesrepublik Deutschland zum militärischen Bündnis der Nato nicht zur Disposition.

Alles andere würde bedeuten, die Bundesrepublik Deutschland für die Großmachtpolitik Moskaus disponibel zu machen. Dies wäre das genaue Gegenteil einer souveränen nationalen Außenpolitik unseres Landes.

Aber genau in dieser Disponibilität der Bundesrepublik Deutschland entdecken grüne wie rote Politiker zur Linken zunehmend ihre taktische wie strategische Chance, die Bundesrepublik aus dem Bündnis des Westens herauszureden. Karl Feldmeyer wies im Leitartikel der FAZ (»Gefahr für die Bundeswehr«, 3.4.89) auf dieses allseits bekannte Phänomen hin, dessen sich die Linke bedient:

»Von nicht zu unterschätzender Bedeutung sind in diesem Zusammenhang die sich verändernde Sicht der Sowjetunion und das Schwinden des Gefühls, von ihr bedroht zu werden. Dies ist deshalb so wichtig, weil sich aus dem Gefühl, bedroht zu sein, für die Bevölkerung der Bundesrepublik die Legitimation der Bundeswehr ergab. Versuche, die Bundeswehr als eine Selbstverständlichkeit, als organischen Teil des Staates zu erklären, der einer Begründung aus akuter Bedrohung nicht bedürfe, blieben bisher ohne erkennbaren Erfolg. Das spricht für ein nur funktionales Verständnis dieses Staates bei vielen Bürgern. Staat und Armee werden nicht als Selbstzweck oder gar als Teil der eigenen Identität begriffen. Sie sind Gebrauchsgegenstände, keine Prestigeträger. Darin liegt ein wichtiger Unterschied zwischen der Bundesrepublik hier, ihren Nachbarn und Verbündeten dort.«

Feldmeyers Analyse alarmiert. Wenn die Zahl der Kriegsdienstverweigerer, ermuntert durch die Miesmauschelei in den Medien, auf über 100.000 wächst, gehen der Bundeswehr mit Sicherheit mehr Soldaten verloren, als sie durch Verlängerung der Wehrpflicht von 15 auf 18 Monate ab 1992 gewinnt: nämlich genau 60.000 Mann pro Jahr, sofern die Verlängerung überhaupt jemals kommt.

Diese Entwicklung haben jene genau geortet, die das gefährliche Geschäft, die Bundesrepublik Deutschland aus dem westlichen Bündnis zu locken, händereibend besorgen.

Wehrdienstverweigerung ist, Steinkühler hat es medienwirksam inszeniert, ein Schlager, auf den alle jene ihre Melodie pfeifen, denen nicht an einer effizienten Verteidigungskraft der Bundeswehr gelegen ist.

Bonn darf die Bundeswehr nicht als Gebrauchsartikel betrachten, den man benutzt, wenn die Gegenseite mit dem Säbel rasselt und in die Ecke stellt, wenn die Gegenseite auf der Friedensharfe zupft. Die Armee ist die sicherheitspolitische Konstante des Landes, die den Freunden Zuverlässigkeit und Berechenbarkeit garantiert und dem möglichen Gegner gleich klarmacht, was militärisch Sache ist und was passiert, wenn uns jemand auf die Füße tritt. Nur auf dieser klar definierten Geschäftsgrundlage kann die Bundesrepublik eine attraktive und glaubwürdige Außen- und Sicherheitspolitik betreiben. Kurzum:

Der Westen muß von der Abwehrbereitschaft der Bundesrepublik Deutschland und der militärischen Fähigkeit der Bundeswehr ausgehen können, den freien Parlamentarismus des Westens zu verteidigen. Der Osten muß wissen, daß die Bundesrepublik Deutschland für jene Moskauer Machtpolitik der säbelrasselnden Stalin & KGB GmbH nicht verfügbar ist. Dagegen stehen wir einem Ausbau von Glasnost mit großer Aufgeschlossenheit gegenüber. Die Bundesrepublik wird auf den gegenwärtigen Stand der 3 : 1-Überlegenheit des konventionellen Militärpotentials der UdSSR nur mit den beschriebenen Abwehr-Strategien reagieren können und nie nachlassen dürfen, der Sowjetunion das nukleare Risiko zu verdeutlichen, das sie eingeht, wenn sie Westeuropa und die Bundesrepublik Deutschland militärisch bedroht oder angreift.

Auf nachprüfbare Abrüstungsschritte Moskaus dagegen werden wir stets positiv reagieren, genauso wie auf eine tatsächliche Liberalisierung in Richtung Selbstbestimmung innerhalb der UdSSR und der Warschauer-Pakt-Staaten. Die politisch neutralen Länder und die Staaten der 3. Welt sollen uns als Freunde sehen, die Friedenspolitik aus ehrlicher Überzeugung und moralischer Verantwortung machen.

Unsere Armee dient nur der Verteidigung. Für uns hat die Kampfkraft der Bundeswehr nur das Ziel, alle Länder dieser Welt einzuladen, mit uns in Frieden zu leben und auf Krieg, Druck, Drohung und Erpressung gegenüber unserem Land für alle Zeiten zu verzichten. Hierin liegt der pazifistische Charme der Stärke unserer Bundeswehr.

Eine Frau sieht klar

Als Michail Gorbatschow am 6. April 1989, aus Kuba kommend, auf Heathrow einjettete, um dem britischen Premier Margret Thatcher seine Aufwartung zu machen, zelebrierte Gorbatschow, wie auch anderswo, seine atomare Unschuldsshow in US-Perfektion.

Nur, bei Frau Thatcher kam der strategische Langzeittrick des Glasnost-Zaren nicht an. Sie stellte die radioaktive Unschuldsbotschaft des russischen Parteibosses vom Kopf auf die Füße und konterte, daß das Atom des Westens erst dann zur Diskussion steht, wenn der russische Bär das Wedeln mit Panzern, Kanonen und Fußtruppen sein läßt, ganz abgesehen davon, daß Gorbatschows Kunde, Moskau werde 1990 die Produktion atomarer Waffen einstellen, ohnehin nur auf das millionenfache Medienecho abzielte. Denn: Die vorhandenen spaltbaren Kernwaffenpotentiale sind immer wieder verwendbar und bedürfen keines nuklearen Kernmaterial-Nachschubs.

Gespenstisch und tragisch, wie Gorbatschows bombige Antiatom-Parade zu London schon am Tag darauf durch den Untergang eines sowjetischen Atom-U-Bootes mit zwei Kernreaktoren vor der norwegischen Küste konterkariert wurde. Es war fast so, als ob das Atom-Desaster des roten U-Bootes eigens inszeniert worden sei, um Gorbatschow die Show zu stören.

Glasnost ist vielleicht die Botschaft des Jahrhunderts. Vielleicht aber auch nicht. Zwischen diesen beiden Unbekannten findet die Politik der Stärke statt, deren pazifistischem Charme der Kreml möglicherweise in der Erkenntnis erliegt, daß es keinen Zweck hat, uns mit dem Knüppel zu drohen.

IV

WIR WOLLEN DAS KIND SCHON SELBER SCHAUKELN

– Familie, Frauen, Soziales –

Es gibt Sätze, da frier' ich. Wenn ich zum Beispiel lese: »Wir haben frauenpolitische Defizite.« Haben wir das wirklich? In Hamburg flammte von einer Mauer der Spray-Spruch: »Männer, verpißt euch, keine vermißt euch.«

Mittlerweile füllt diese aufgehetzte Pamphletie zwischen Männlein und Weiblein ganze Bibliotheken und versorgt obendrein auch noch das manische Papperlapapp abendlicher Schickeria-Parties mit dem Stoff, aus dem der Schwatzsinn gemacht wird. Die lila betuchte Latzhosen-Emanze giftet, daß der eintagsbärtige Armani-Chauvi allein schon dadurch, daß er von Geburt an sexuell anders geartet sei als die Frau, eine Diktatur der Triebe errichten wolle.

Nach dem Klassenkampf und Rassenwahn nun ein Geschlechterkampf? Ich glaube das nicht. Die tiefere Absicht hinter dem Versuch, zwischen den Geschlechtern Zwietracht zu säen, ist der Generalangriff der linksideologischen Meinungsindustrie auf die festeste aller Bastionen der Gesellschaft: auf die Familie.

Die totale Labilmachung

Da springt den Leser aus einem Nachrichtenmagazin die große Trendstory an: Die Familie sei out. Das Single-Sein in.

Diese allwöchentlichen Out-und-In-Spiele der linksgewirkten Elitemagazine sind nüchternes Kalkül bei der totalen Labilmachung der Demokratie.

Da wird dem braven Bürgersmann souffliert, daß töricht sei, wer treu ist, und glücklich, wer nimmt, was kommt. Familie ist angeblich verpantoffeltes Filzschuhvorgestern. Out. Dagegen ist der appartmentbehauste Single-Smartie, der kondomgesichert beim Gegengeschlecht seine Freude sucht, ganz von Übermorgen. Also in.

Was bei dieser Umkehrung der Werte-Nomenklatur den professionellen Negativisten nicht in den doktrinären Kram paßt, also Liebe, Treue, Familie, wird mit übelriechender Pech-und-Schwefelschreibe verteufelt. Was aber in der nach unten offenen Scharfrichter-Skala gegenkulturelle Untergrund-Qualitäten besitzt, also sich als optimal beim Miesmachen der Familie erweist, wird mit Zuckerguß glaciert.

Nur, gottlob, beißen sich die Nullbock-Propheten ihre Agitprop-Prothesen am Werte-Granit des Normalmenschen aus, der nach wie vor für die Familie ist. Nirgends gibt es daher auch mehr Zahnlose als unter den griesgrämigen Gegnern der Familie im Bundes-Neurosenzirkus. Pech gehabt, die Herren Negationsräte. Alles Umfärben vom heilen Familien-Weiß in Dantesches Inferno-Schwarz mißrät ihnen zu einem recht widerlichen Geschmiere. Die Familie ist eben doch stärker.

Nichts im Leben funktioniert so phantastisch wie die Zweisamkeit der Geschlechter. Die Familie mit Kindern ist der größte und vor allem schönste Hit aller Zeiten! Die Familie ist den Menschen alles.

Der Film »Eine verhängnisvolle Affäre« (»Fatal Attraction«) mit Michael Douglas in der Hauptrolle hat unlängst rund um den Erdball die Öffentlichkeit (und selbst die professionelle Kritik) mehr als jedes andere Stück aufgewühlt. Hier schilderte Hollywood in einem genialischen Anfall von Realitätssinn die Schrecknisse, die einem Seitensprung folgen können. Eine Familie stand vor der Explosion. Und genau aus diesem kühlen Grunde erregt auch nichts mehr den Haß der soziologisch durchsäuerten Defizitpastoren als die intakte Familie – weil die heile Familie, die erschlagendste Widerlegung der eifernden Kaputtschisten und ihrer Alles-Ist-Im-Eimer-Bewegung ist.

Das Recht auf den eigenen Bauch

Es gibt Slogans, die bestechen. Zum Beispiel: »Stell dir vor, es gibt Krieg, und keiner geht hin.« Keine Frage: Das wär's, wenn's so wäre. Ist aber leider nicht so. Oder: »Mein Bauch gehört mir.«

Richtig! Nur: Das ist kein beliebig übertragbares Dutzendrecht, das der frischfröhlichen Querfeldein-Hurerei Tür und Tor öffnet, sondern das ist ein Individualrecht, das auch Pflichten mit sich bringt.

Dieses Recht auf den eigenen Bauch besteht bei Partnerwahl und Paarung. Aber doch nicht bei Abtreibung.

Denn wenn es »zu spät ist«, dann geht das Recht des ungeborenen Kindes vor dem des vermeintlich »eigenen« Bauches, weil dieser Bauch dann längst nicht mehr Alleineigentum der Mutter, sondern auch Bauch des Babys ist, die unverbrüchliche Heimstatt seines nagelneuen Lebens, das sich noch nicht selbst vor Tötung schützen kann und daher unseres Schutzes und vor allem dessen seiner Mutter bedarf!

Das Recht auf den eigenen Bauch definiert sich richtigerweise daher auch als das Recht des ungeborenen Kindes, das in diesem Bauch heranwächst und wegen seiner rechtlichen wie physischen Hilflosigkeit Anspruch auf Vorfahrt vor allen anderen Rechtsgütern in der Zeit seiner Austragung hat.

»Danach« so zu tun, als seien alle, die sich sexuell vereinigen, erotische Analphabeten, denen man keine Verantwortung abfordern dürfe, ist der Versuch, mündige Bürger auf das Niveau von Versuchskaninchen zurückzudrehen. Man kann nicht »danach« ein Recht für Dinge proklamieren, die man »vorher« wissentlich vergaß.

Das Leben im Bauch der Mutter kann nicht rechtlos werden, nur weil die sich Paarenden »vergaßen«, sich über die Folgen ihres Lustspiels vorher klar zu werden, obschon heutzutage kein Millimeter Medium unbedruckt oder unbelichtet bleibt, um selbst noch die letzten Intimitäten des Sex und der Verhütung plakativ zu veröffentlichen.

Wer sich hinstellt, um »danach« so zu tun, als hätte er

»vorher« das »Risiko« der Befruchtung nicht erkannt, will seine Umwelt für dumm verkaufen. In der Ära Aids, deren zehnten Jahrgang wir schreiben, weiß jeder Halbwüchsige aus dem Effeff, um was es bei Sex geht und was ihm folgt, wenn er nicht aufpaßt: nämlich Kinder, die schönste Hauptsache der Welt.

Hier muß durch ein Normenkontrollverfahren beim höchsten Verfassungsgericht versucht werden, den Staat und uns alle zu zwingen, dem Wehrlosesten aller Wesen, dem ungeborenen Kind endlich jenen Schutz zu geben, auf den es Anspruch hat. Wir sind zu einer Abtreibungsgesellschaft geworden. Damit muß Schluß sein.

Es darf nicht sein, daß wir den eiskalten Managern des werte- und verantwortungsfreien Materialismus die Chance geben, demnächst zu regeln, wer Mensch ist und wer nicht.

Die enteignete Familie

O-Ton Jutta Ditfurth: »Zwei Abtreibungen auf ein lustvolles, knapp zwanzigjähriges Geschlechtsleben sind relativ wenig.« Jener dagegen, der seine Tochter Jutta nicht abtreiben ließ, Hoimar Ditfurth, hat einen Bestseller geschrieben: »Ich pflanze noch ein Apfelbäumchen«.

Da das Nein. Dort das Ja. Quer durch eine Familie, quer durch Deutschland. Nicht, daß wir den Gossenhauer der Jutta Ditfurth überbewerten – die jetsettende Fundamentalistin ist längst in die Bundes-Schickeria bis zur politischen Unkenntlichkeit integriert und sondert ihre Radikalo-Spruchblasen nur mehr als alibiträchtiges Entertainment für die eigene Spurtreue ab.

Das nicht. Es ist vielmehr die weltanschauliche Phalanx, die zwischen der Parolen-Halbwelt einer Ditfurth und den Leerformeln einer Ministerin sichtbar wird, die ihr hohes Bonner Amt dazu benutzt, verrottet gewähnte marxomanische Zwangsvorstellungen wiederzubeleben. Enno von Loewenstern leitartikelte in der Welt (»Mein lieber Mann«, 21.02.1989): »Man höre und bestaune die folgenden Sprüche: Es müsse ein Ende haben mit der Verklärung der Familienidylle des 18. und 19. Jahrhunderts; wegen der hohen Kindersterblichkeit wäre eine tiefe emotionale Bindung der Eltern an ihre Kleinkinder damals schon aus Gründen des Selbstschutzes »Wahnsinn« gewesen; Scheidungen hätten sich »auf natürliche Weise erübrigt« durch den frühen Tod im Kindbett, der Männern mehrere Ehen ohne Bruch des Eheversprechens ermöglicht habe.«

Diese ungeheuerlichen Unterstellungen muß man nicht kommmentieren. Sie kommentieren sich selbst. Schlimmeres ist noch nie aus dem Mund eines deutschen Familienministers verlautbart worden. Wenn man mit derartigen Sätzen in Deutschland Familienminister einer CDU-geführten Bundesregierung werden und bleiben kann, darf man sich nicht wundern, daß viele Menschen sich von der CDU abwenden und ihre Orientierung anderswo suchen.

Gott sei Dank ist das, was Frau Lehr vertritt, nicht herrschende Meinung in der CDU. Ganz im Gegenteil.

Und dennoch, diese Sätze tun weh. Wie auch jener schlimme Satz, die »Glorifizierung der Mütter« müsse aufhören. Verflixt nochmal: Wo in Deutschland werden denn Mütter glorifiziert? Das Gegenteil ist doch gerade bei den nicht berufstätigen Müttern der Fall. Sie werden von der links veröffentlichten Meinung täglich herab- und zurückgesetzt. Frau Lehr aber macht sich auf, ihre Glorifizierung zu beenden. Verrückte Welt.

Auch der Lehr-Satz, daß Kinder von nur zwei Jahren in den Kindergarten gesteckt werden könnten, weil es »wissenschaftlich widerlegt« sei, daß ein von der Mutter vernachlässigtes Kind Verhaltensstörungen entwickeln kann, zählt zu jenen, auch wahlpolitischen Bestseller-Sätzen, nach denen sich Schönhuber und Kameraden alle zehn Finger lecken.

Dieses Comeback des kollektivistischen Prinzips ausgerechnet bei einer von Helmut Kohl ins Kabinett berufenen Dame vermeintlich konservativer Couleur fasziniert.

Man wird aufs Fatalste an jene kommunistische Staatsmaxime vom sozialistischen Kinderhort erinnert, in dem »der neue Mensch der Arbeiter- und Bauernkultur schon im frühkindlichen Alter von zwei Jahren aus der oft reaktionären Provinzialität des kleinbürgerlichen Familienbetriebs herausgeholt werden muß und, von berufenen sozialistischen Pädagogen geformt, auf den real existierenden Sozialismus vorbereitet werden muß«, so Gorbatschows Radio Moskau am 4. Juli 1987.

Frau Lehr ist mit ihrer altbackenen Maxime von der Kinderland-Verstaatlichung durch die Frühabschiebung der Kinder genau in das Niemandsland zwischen jenen Kräften geraten, die auf der einen Seite die Familie als Relikt patriarchalischer Diktatur sturmreif schießen möchten und jenen, die dann auf den Trümmern dieser Familien ihren antihumanen Neubau von Robotniks vornehmen wollen.

Loewenstern hinterfragt deshalb zutreffend: »Ist Kindererziehung etwas Dummes, wenn man es mit voller ganztägiger Hingabe besorgt, ist es nur dann etwas Kluges und Fortschrittliches, wenn man es in x-Wochenstunden erledigt für vier- bis fünftausend Mark monatlich?«

Die Antwort darauf gibt der Wähler. Und Kanzler Kohl wird den Tag noch verfluchen, an dem er den Einflüsterungen seines »Generals« nachgab und sich jene progressiv gestylten, in Wirklichkeit aber zutiefst reaktionären antifamiliären Doktrinen aufschwatzen ließ.

Frau Süssmuth, die nach dem Zeugnis ihrer Nachfolgerin Lehr ohnehin alle Probleme »praktisch am Boden« liegen gelassen hat (Spiegel 18/89, S. 249), und Frau Lehr dürften mit Sicherheit der Union keine müde Stimme links gebracht, dafür aber viele Stimmen bürgerlicher Stammwähler gekostet haben.

Daran ändern auch die Beliebtheitsumfragen nichts. Sie beweisen eigentlich nur – wenn die Beliebtheit die 50-Prozent-Marke überschreitet –, daß auch »Rotgrün« den entsprechend beliebten Politiker dufte findet, weil er teilweise dasselbe vertritt wie sie auch. Wählen tun sie ihn deshalb noch lange nicht.

Die Bevölkerung folgt, wenn es um wichtige Schicksals-
fragen geht, nicht dem beliebten Politiker, sondern dem
respektierten Politiker. Wenn es in der Politik nur um Beliebtheit ginge, müßte unser Volk ein tiefes Bedürfnis nach
Rudi Carell, Hans-Joachim Kulenkampf, Thomas Gott-
schalk oder Otto als Bundeskanzler haben.

Lehr-Formeln contra Schwarzwaldklinik

Als Fau Lehr zum Erstaunen des 18-Millionen-Stammpubli-
kums der ZDF-Schwarzwaldklinik im Januar 89 jene Szene
öffentlich rügte, in der die Frau Professor Brinkmanns ihren
Beruf aufgab, in die Familie zurückkehrte, und sich ihrem
Sohn widmete, der psychosomatische Störungen aufwies,
weil seine Mutter nie da war, wurde deutlich, daß Frau Lehr
bis zum Halse in linken pseudopädagogischen Platitüden
stecken geblieben war.

Außerdem legte sie Zeugnis von einer Zensur-Mentalität
ab, die Bände spricht: Die Stories einer TV-Serie, ohnehin
Fiction, sind wie andere geistige Werke, wenn diese nicht
gerade grob gesetzwidrig sind, durch Kunst- und Meinungs-
freiheit jedenfalls staatlicher Zensur und ministerieller
Schelte a priori entzogen.

Aber es ist ein geringer Trost, wenn wir feststellen müssen, daß Frau Professor Dr. Ursula Lehr vom Fernsehen
noch weniger versteht als von den praktischen Problemen
der Familien von heute.

Warum um Himmelswillen hat denn niemand ihre Rück-
trittsbereitschaft akzeptiert, als sie am 14. Februar 1989 wegen ihrer linken Thesen zur Familienpolitik von der eigenen
Fraktion kräftig durchgeschüttelt worden war? Offenbar
war es zahlreichen Fraktionskollegen am Wochenende zuvor nicht gelungen, ihren nicht berufstätigen Frauen die
Frage zu beantworten, wann sie jemals in ihrem Leben als

Hausfrau und Mutter von ihnen »glorifiziert« worden waren.

Die »pubertäre Perforation«

Die Entwicklung eines jungen Menschen, der die Familie mit 14 oder 18 Jahren verläßt, um sich auf der freien Wildbahn des Ausbildungs- und Berufslebens zu bewähren, ist durch eine soziale Perforation charakterisiert, die sich als Linie exakt an der Grenze zwischen Familie und Berufsleben erstreckt.

An dieser Linie, ich nenne sie die »pubertäre Perforation«, warten nicht nur die Ausbilder und Meister, die Lehrherren und Lehrer, sondern lauern auch die Dealer und Doktrinen.

Die Rattenfänger aller Länder versuchen, diese pubertäre Perforation zur sozialen Sollbruchstelle umzufunktionieren, um dort jene Gefolgschaft zu rekrutieren, aus der sie fortan ihre ideologischen und materiellen Profite zu saugen gedenken.

Hier ist Wachsamkeit ebenso gefordert wie an jener »Sollbruchstelle«, die Frau Lehr mit ihrer antifamiliären Kinder-Frühabschiebung deutlich gemacht hat. Die »pubertäre Perforation« verlangt von der Politik jenes Maß an Phantasie, das die Politiker hierzulande wie sicherlich auch anderswo längst durch bürokratischen Verwaltungstrott zerstört haben.

An dieser Nahtstelle zwischen Familie und Beruf hat die Union fast alle Argumente ihren politischen Gegnern überlassen. Nicht der Wehrdienst, sondern die Wehrdienstverweigerung wird hier diskutiert. Nicht die Bildung von Eliten steht da zur Debatte, sondern die Nullbock-Pamphlete des Neo-Analphabetismus. Nicht die Familie, sondern die Single-Idolisierung gilt hier als en vogue.

Ich habe den Eindruck, daß die Unionsspitze hier vor

lauter Angst, den Zeitgeist zu verpassen, Anpassung schon um ihrer selbst Willen betreibt oder dem Kinderglauben frönt, daß das Verschweigen brennender Themen die beste Löschmethode sei.

An dieser schicksalsbewegenden Perforation entscheidet sich, ob der junge Mensch in den von antibürgerlich aufgemotzten Lautsprechern gepriesenen Underground einer vermeintlichen Gegengemeinschaft abtaucht, um sich dort den »repressiven Zwängen der spätkapitalistischen Leistungsgesellschaft zu entziehen« (Die Zeit) – oder ob er instand gesetzt wird, den Verführungen zu widerstehen, weil ihm die reale und normale Alternative zum mörderischen Illusionismus der Underground-Propaganda klargemacht wird.

Aber wo und wie erreicht junge Menschen die plastische und überzeugende Darstellung der schwerwiegenden *Innenwelt-Probleme,* also der gesamten Psychoprobleme unseres Jahrhunderts, deren Lösung dieselbe fundamentale Bedeutung für die Zukunft der Menschen hat wie die Lösung der *Umwelt-Probleme.*

Die Linkspublizistik hat die Innenwelt-Probleme leider zu einem Thema zweiter Klasse herabgestuft. Wo etwa wird dem Publikum – neben der täglichen Sensations- und Horrorspritze über Algen, Robben und Molke – von jenem Rauschgift-Katalog berichtet, an dem Hunderttausende junger Menschen zerbrechen und vergehen, während die Drogen-Mafia am Rauschgifttod der Kids Milliarden verdient?

Die Perversion der Drogen-Verführung besteht darin, jungen Leuten die Flucht aus der Leistungsgesellschaft in die Nullbock-Szene als Befreiung von Zwängen vorzugaukeln, um sie im selben Atemzuge dem brutalsten Horror auszuliefern: Drogen.

An dieser perforierten Nahtstelle zwischen humaner Leistungsgesellschaft und anarchistischer Gegengesellschaft will der junge Mensch, der aus der Familie ins Berufsleben zieht, Wege gewiesen haben, er will Informationen, Alternativen, Vorschläge und Rezepte. Dem schillernden Underground-Glamour kriecht er nur dann auf den Leim, wenn die Gesellschaft an dieser sensiblen Stelle ausweicht.

Jeder Millimeter, den hier der Staat den ebenso trügerischen wie törichten Aussteiger- und Ohne-Mich-Szenarien der »Gegen-Alles-Was-Vom-Staat-Kommt-Bewegung« nachgibt, wird sofort mit den Frustphrasen der antibürgerlichen Phantasten besetzt, hinter denen sich ausnahmslos die Drahtzieher einer Branche verbergen, die Aussteigen vermarktet.

Freiheit als Einsicht in die Notwendigkeit: das soziale Pflichtjahr

Ein wichtiges Thema mit sozialem Testcharakter ist das soziale Pflichtjahr. Neben den bisher gängigen Ausbildungs- und Aufstiegschancen und den Berufsangeboten wäre für Hunderttausende junger Mädchen ein soziales Pflichtjahr vor dem Beginn einer eigentlichen Berufskarriere eine wichtige Ergänzung.

Natürlich wird die Gesinnungswirtschaft den Begriff »Pflicht« sofort verdammen als ein weiteres Repressionsdelikt des Staates. Den Herrschaften, die Pflicht a priori als Zwang denunzieren, sollte ein Spruch von Friedrich Engels in Erinnerung gerufen werden, der durchaus voll in die Mitte dieses Problems trifft: »Freiheit ist Einsicht in die Notwendigkeit.« Eine Gesellschaft funktioniert nur, wenn klar ist, daß es nicht nur Rechte gibt, sondern auch Pflichten. Es muß deutlich gemacht werden, daß Rechte und Pflichten einander bedingen und nicht ausschließen.

Um wirkliche Gleichberechtigung zwischen Mann und Frau zu erreichen, muß daher auch auf die Gleichwertigkeit der Pflichten hingewiesen werden.

Dazu gehört auch die Öffnung der Bundeswehr für Frauen, nicht mit dem Dienst an der Waffe, aber mindestens in Verwaltung, Wissenschaft, Informations- und Datentechnik.

Außerdem gibt es eine Fülle von sozialen Aufgaben, die heute nur unzureichend erfüllt werden können: Altersheime, Hilfe für kinderreiche und arme Familien, Hilfe für Behinderte, um nur einige Bereiche zu nennen.

Der Präsident des Bayerischen Roten Kreuzes, Bruno Merk, hat darauf hingewiesen, daß der Bedarf an Pflegepersonal in Alten- und Pflegeheimen mittlerweile ein solches Ausmaß angenommen hat, daß überlegt werden müsse, ob in Zukunft nicht ein soziales Jahr für junge Mädchen zur Pflicht gemacht werden sollte.

Viele unverheiratete junge Mädchen, die noch Zeit haben mit der Gründung einer Familie, mit der Geburt und Erziehung, würden durch ein soziales Jahr jene Realitäten der Gesellschaft kennenlernen, die ihnen durch die Behütung im elterlichen Zuhause fern gehalten wurden.

Mit einem sozialen Pflichtjahr wird also nicht allein den Alten, Behinderten und Bedürftigen geholfen, auch die jungen Mädchen würden einen wichtigen Einblick in schwierige soziale Problemfelder gewinnen, die ihnen bislang verborgen waren, mit denen sie aber ihr späteres Leben jederzeit – unvorbereitet – konfrontieren kann.

Daß dieses soziale Jahr in der Meinung vieler junger Menschen und gerade junger Mädchen ein heimlicher Hit ist, beweisen die Reaktionen auf zahlreiche Artikel, in denen ich diesen Vorschlag gemacht habe. Auch Meinungsumfragen zeigen, daß die Bevölkerung in dieser Frage viel offener ist, als dies die linken Medienmacher zugeben.

1986 waren es immerhin 13.000 junge Frauen, die ein *freiwilliges* soziales Jahr praktizierten – 10.000 mehr als 1971. Natürlich hat es gegen meinen Vorschlag eines sozialen Pflichtjahres für Mädchen, in das man übrigens die *Wahlmöglichkeit zwischen sozialen Tätigkeiten und Tätigkeiten für die Umwelt* einbauen sollte, auch massive Proteste gegeben.

Vor allem Verbände und Organisationen, von der Bundesärztekammer bis zu den Grünen waren sofort mit teilweise infamen Totschlagparolen zur Stelle. Die Grünen sprachen von »Reichsarbeitsdienst«, »Nazi-Gedankengut« und ähnlichem. Sie alle kommen jedoch an einer Tatsache nicht vorbei: Wir halten uns alle für sozial, sind es jedoch mit wenigen Ausnahmen schon lange nicht mehr. Wir haben unsere *persönlichen* sozialen Pflichten längst auf den Staat abgewälzt, wir haben uns mit unseren Steuern von unseren sozialen Verpflichtungen freigekauft. Wir halten uns für sozial, wenn wir für höhere Rentenleistungen des Staates eintreten, für höhere Leistungen des Staates an Kinderreiche und Behinderte. Das aber hat mit eigener sozialer Haltung längst nichts mehr zu tun – so wichtig die staatlichen Leistungen für diese Gruppen auch sind.

Sozial sind für mich Frauen und Männer, Mädchen und Jungen, die sich persönlich um ihre benachteiligten Mitbürger kümmern, die einen Behinderten in seinem Rollstuhl am Wochenende zum Sportplatz oder zu einem Fest mitnehmen oder die sich einige Stunden zu einem alten Menschen setzen, mit ihm diskutieren, lesen, fernsehen oder ihn zu sich nach Hause einladen.

Diese Form des persönlichen Engagements, der persönlichen Zuwendung gegenüber älteren, kranken und behinderten Menschen kann man nicht auf den Staat abschieben, man muß sie selbst erbringen, wenn man die soziale Kälte unseres Landes beseitigen will.

Alte, kranke und behinderte Menschen sind häufig einsam. Einsamkeit aber – eines der schwerwiegendsten Innenweltprobleme unserer Zeit – kann man nicht mit Geld bekämpfen. Hier könnte ein soziales Pflichtjahr sehr viel Gutes bewirken.

Die Gegenargumente sind nicht überzeugend: Niemand plant, das den Krankenhäusern fehlende qualifizierte Pflegepersonal durch Mädchen, die ein soziales Jahr leisten, zu ersetzen, wie dies der Präsident der Bundesärztekammer in totaler Unkenntnis der aktuellen Diskussion behauptet hat. Wenn dieses hochqualifizierte Pflegepersonal benötigt wird, müssen wir es zur Verfügung stellen. Daß daneben in Krankenhäusern junge Mädchen gerade bei älteren Patien-

90

ten, denen sich auch der beste Arzt und die beste Pflege-
schwester immer nur relativ kurz zuwenden können, wichtige menschliche Betreuungsaufgaben wahrnehmen könnten, kann niemand ernsthaft bestreiten.

Die Tatsache, daß das Pflichtjahr gesetzlich verordnet
werden müßte, bedeutet nicht, daß dadurch das persönliche
Engagment der Mädchen verringert würde. Die teilweise
bewundernswerten sozialen Leistungen männlicher Zivil-
dienstleistender, die auch einen gesetzlich vorgeschriebe-
nen Dienst leisten, beweisen das Gegenteil.

Die angeblich so »zarten 18jährigen Mädchen« würden
durch die Konfrontation mit den Problemen einer kinderrei-
chen Familie, mit den Problemen schwerer Behinderung
und Gebrechlichkeit, ja auch mit dem Tod, nicht überfor-
dert, wie mir öffentlich immer entgegengehalten wurde.
18jährige Mädchen von heute stehen allemal genauso ihren
Mann wie ein 18jähriger Junge, wenn nicht sogar besser.

Schließlich könnte man die Schul- plus Ausbildungszeit in
Deutschland, die heute zwischen 12 und 24 Jahren liegt und
damit viel zu lang ist, ohne Schwierigkeit um ein bis zwei
Jahre kürzen und statt dessen ein Jahr für die Gemeinschaft
einfügen, in dem die Mädchen mehr für ihr späteres Leben
lernen würden als in drei Jahren trockener schulischer Theo-
rie.

Insgesamt wird das soziale Engagement unserer jungen
Mädchen von der veröffentlichten Meinung massiv unterschätzt. Sie sind wie unsere gesamte Jugend tausendmal
besser als ihr Ruf. Aber sie verlangen zurecht klare Ziele
und klare Aufgaben. Und da hapert es bei den Politikern
aller Parteien.

Vom Elend und Untergang der Singles

Zeitschmerz und Schwermut, Horror und Hiob, Pessimismus und Depression – das sind die schwerverdaulichen Substantiva, mit denen dieSchwarzmalerei verbal vorangetrieben wird. Ein Land, in das sich der organisierte Medienfrust so tief verbissen hat wie bei uns, taugt in der veröffentlichten Meinung natürlich nichts mehr.

Ausbruch und Aufbruch aus den »überkommenen Fesseln von Familie und Religion« (Spiegel) sind daher angesagt. Wer aus diesen Fesseln raus will, kommt als Single am besten voran. So das frischfröhliche Ausstiegs-Andante. Kaum eines der sich progressiv gebärdenden Blätter, kaum ein »Kleines Fernsehspiel« im ZDF oder kaum ein zeitkritischer Neufilmer im Ersten, der nicht das Singlesein als die Befreiung der Liebe von den »Fesseln« der Ehe und der Familie preist.

Eine Untersuchung, die die New York Times im Februar 1986 veröffentlichte, zeigte, daß von 100 Singles in Manhattan, die über einen Zeitraum von zwei Jahren beobachtet wurden, 34 rauschgiftsüchtig geworden waren – drei von ihnen waren daran bereits qualvoll gestorben –, vier hatten aus unbekannten Gründen Selbstmord gemacht, einer aus verschmähter Liebe, der Rest kehrte bis auf sieben (sieben!) Singles reumütig in den Schoß der Zweisamkeit zurück. Der »Catalog of Risks« von Bernhard L. Cohen und Ising Lee (Health Phsysics Vol 36 in Pergamon Press Ltd., London 1979) listete die Senkung der mittleren Lebenserwartung aufgrund verschiedener Ursachen einmal auf.

An der Spitze der geringsten Lebenserwartung steht einsam und verlassen der unverheiratete männliche Single noch vor dem Raucher (Platz 2) und dem Herzkranken (Platz 3) an der Spitze dieser makabren Todesliste. Es ist nicht gut, daß der Mensch allein sei, gibt schon die Bibel als Weisheit mit auf den Weg – aber es zählt eben zur Taktik der »Gegengesellschaft«, alle Eckwerte der bürgerlichen Gesellschaft zu attackieren. Aber wo auch immer diese Angriffe über die

Medienbühne gehen und wo auch immer diese Dösbatteleien sonst inszeniert werden – sie fallen wegen ihres Sinndefizits in sich zusammen. Es ist nichts dran außer dem Versuch geistig verzwergter Düsterlinge, ihr eigenes Zukurzgekommensein der »Gesellschaft« anzulasten.

Senkung der mittleren Lebenserwartung von 23 000 Tagen aufgrund verschiedener Ursachen

Ursache	Tage	Ursache	Tage
unverheiratet, männlich	3500	Arbeit, die radioaktiver	
männlicher Raucher	2250	Strahlung ausgesetzt ist	40
Herzkrankheit	2100	Stürze	39
unverheiratet, weiblich	1600	Unfälle von Fußgängern	37
30 % Übergewicht	1300	Unfälle bei wenig	
Zechenarbeiter	1100	gefährdeten Arbeiten	30
Krebs	980	Brände	27
20 % Übergewicht	900	Energieerzeugung	24
weibliche Raucherin	800	Drogenmißbrauch (illegal)	
niedriger sozialer Status	700	(US-Durchschnitt)	18
Schlaganfall	520	Gift (fest, flüssig)	17
Zigarrenraucher(in)	330	Erstickungstod	13
gefährliche Betriebsunfälle	300	Unfälle mit Feuerwaffen	11
Pfeifenraucher(in)	220	natürliche Strahlung	
Kraftfahrzeugunfälle	207	(Kohle-Kraftwerk)	8
Alkoholismus		Giftgase	7
(US-Durchschnitt)	130	medizin. Röntgen-Strahlen	6
Unfälle zu Hause	95	Kaffee	6
Selbstmord	95	Fahrradunfälle	5
Zuckerkrankheit	95	Katastrophen insgesamt	3,5
Mord	90	Reaktorunfälle – UCS*	2
Drogenmißbrauch (legal)	90	Reaktorunfälle –	
durchschnittl. Arbeitsunfälle	74	Rasmussen	0,02
Überschwemmungen	41	Strahlung von Kernkraft-	
		industrie	0,02

* UCS = Union of Concerned Scientists, eine prominente Gruppe von Kernenergie-Gegnern.

Quelle: »A Catalog of Risks« von Bernhard L. Cohen und I-sing Lee, erschienen im »Health Physics Vol. 36« (June), pp. 707–722, Pergamon Press Ltd., 1979 / London.

V

ALLE MACHT DEN DRÄHTEN

– Der Kampf um die Medien –

Rückblende: Erster Mai 1989. Ein selten schöner, sonniger Frühlingstag neigt sich seinem Abend zu. 600.000 gutgelaunte Menschen haben an den Maikundgebungen zwischen Kiel und Konstanz teilgenommen.

20.15 Uhr: Dem 1. Programm der ARD schauen 7,3 Millionen Bundesbürger zum Ausklang dieses friedlichen und freundlichen »Tages der Arbeit« zu. 600.000 Bürger auf den Kundgebungen zum »Tag der Arbeit« – und dann zwölfmal soviel Bürger abends vor dem Schirm. Alltag einer Fernsehrepublik. Gezeigt wird der dritte Teil der neuen, nicht schlecht gemachten Serie namens »Reporter«. Untertitel an diesem Abend: »Die braune Front«. Die beiden Journalisten des Films, die sympathische Renan Demirkan und der auf kernig angelegte Walter Kreye, beobachten in einer deutschen Kleinstadt den Aufmarsch von Nazis. Millionen Zuschauer reiben sich die Augen: Neonazis 1989? Ja, Neonazis!

Bundesdeutsche Fernseh-Fiction 1989: Neonazis treiben das Land um. »Die braune Front« marschiert …

Minuten später: die 22-Uhr-55-Ausgabe der Tagesschau. Vom flimmernden Rechteck des Bildschirms springen plötzlich Bilder explodierender Gewalt aus dem abendlichen Westberlin den sieben Millionen Zuschauern der ARD-Nachrichten ins Auge. Verletzte Polizisten. Brennende Autos. Geplünderte Geschäfte. Chaoten der linken Gewaltszene verwandeln den Stadtbezirk Kreuzberg am Abend dieses friedlichen und sonnigen ersten Mai 1989 in eine rauchende Trümmerlandschaft.

Bundesdeutsche Realität 1989: Nicht Neonazis, sondern linke Terroristen legen einen Stadtteil in Trümmer. Der rote Mob marschiert – nirgendwo eine braune Front.

Zwei Stunden nach Ausstrahlung der »Braunen Front« holt die Realität jenes Fernseh-Märchen ein, das einem Millionenpublikum am Abend des 1. Mai drinnen in den TV-Zimmern suggerieren wollte, daß Neonazis wiederkommen, während auf die Minute genau zur selben Zeit draußen der rote Mob ganze Straßenzüge in Berlin mit hassender Gewalt in Brand steckte.

Zufall? Nein, System! Seit geraumer Weile wird dem Bürger über zahllose Medien-Megaphone eingetrichtert, die Bundesrepublik treibe nach rechtsaußen – um im gleichen Agitationszuge von linksaußen abzulenken, eine aktuelle Variation der Haltet-den-Dieb-Methode.

Das öffentlich-rechtliche Fernsehen, voran die ARD, nimmt bei dieser giftigen Gängelei der Wirklichkeit in den Medien eine Führungsrolle ein. In Politmagazinen wie Monitor aus Köln, Report aus Baden-Baden – nicht aus München – und Panorama aus Hamburg, in Kommentaren, vor allem in den Tagesthemen, in Reportagen, vorwiegend in denen des WDR und des Hessischen Rundfunks sowie zunehmend auch in umfunktionierten Shows, Talks, TV-Filmen und Serien wird dem Zuschauer gleichsam unter der Hand suggeriert: Die Braunen kommen wieder.

Sicher: Das elektronische Medium tut gut daran, so wie alle anderen Medien auch, auf jedes Sichrühren wirklichen neonazistischen Wahnsinns hinzuweisen, jeden braunen Zipfel zu lupfen, um die Öffentlichkeit für alle Anfänge eines Neo-Hitlerismus zu sensibilisieren und die Republik gegen jedwede Renaissance des Rassismus, auch im Kostüm des Ausländerhasses, wachzurütteln.

Nur: Es sind nicht die erfundenen Neonazis, die diese Republik gefährden. Die Wirklichkeit in der Bundesrepublik Deutschland hat den ewig Unbelehrbaren, die dem SS-Staat nachtrauern oder eine braune »Deutschland-Erwache-Bewegung« ins Leben rufen möchten, jedwede politische Geschäftsgrundlage entzogen – die politisch umnachteten Wehrsportler und Werwölfe sind nicht nur eine ohnehin bedeutungslose Minderheit – sie haben vor allem nicht die geringste Resonanz in irgendeiner Bevölkerungsschicht dieser unverrückbar demokratisch gefestigten Bundesrepublik – auch nicht bei den Republikanern.

Es ist exakt umgekehrt: Die totalitären Dogmen und Doktrinen des politischen Terrorismus grassieren in Massenbewegungen der extremen Linken wie nie zuvor seit 1945:

Die neuen Nazis kommen von links! Der millionenfach multiplizierte Fingerzeig in den Medien nach rechts ist nichts anderes als der kriminelle Versuch, vom Terrorismus der Chaoten aus der linken Gewaltszene abzulenken.

Wer jedoch im Bewußtsein seiner Bürger einen Unterschied zwischen Gewalt von rechts und der Gewalt von links säen will – die taz tut dies zum Beispiel täglich – hat den Boden der Demokratie verlassen. Es gibt keinen Unterschied zwischen Gewalt und Gewalt. Es gibt keinen Unterschied zwischen den mörderischen Rassenhaß-Thesen und den nicht weniger tödlichen Klassenkampf-Parolen. Die Horrorszenarien des Hitlerismus und Stalinismus haben Millionen Menschen das Leben gekostet – und mit jedem ermordeten Menschen ging eine Welt unter. Gewalt ist unteilbar.

Wir desinformieren uns zu Tode oder die Denunziation der Unterhaltung

Eine komplette literarische Armee mitsamt ihren publizistischen Bataillonen fährt unentwegt ihre Desinformations-Kanonen auf, um die gute Laune des Welt-Restes im Granatenhagel des Pessimismus auszulöschen. Nachdem die Armee der 5. Feder die neuralgischen News-Zentren der elektronischen Networks weithin erobert hat, um von hier aus die systemverändernde Demokratie-Zerstörung durch Nachrichten-Verzerrung und Kommentar-Kampagnen zu erreichen, zielt deren zweite strategische Operation auf die großflächig angelegte Denunziation und Zerstörung der Unterhaltung ab.

Unterhaltung, so die Generäle der antidemokratischen Eiheitsfront, raube den Platz für Desinformation. So ist es. Dort, wo sich Millionen unterhalten wollen, hat Indoktrination Pause. Show ist immer stärker als Umschulung.

So nimmt es nicht Wunder, wenn ein im übrigen nicht unkluges Buch, das sich mit den Fährnissen der Fictionen auseinandersetzt, in den Stabskreisen der 5. Feder Furore machte: Neil Postmans polemische Auseinandersetzung mit der Unterhaltungsindustrie: »Wir amüsieren uns zu Tode« (Frankfurt 1985). Postmans Polemik gegen das Glotzarium als Lieferant von Fictionen und Symbolen, die wenig mit den Wirklichkeiten zu tun haben, ist so alt wie das Geschichtenerzählen und der Urhang des Menschen, des Tages Müh' durch des Märchens Labsal für Minuten zu vergessen, um aus der Ablenkung der Erzählung die Kraft für die Zuwendung zum Alltag zu finden – so gesehen, sind Märchen längst realer Bestandteil unserer sozialen Wirklichkeit und keine bloße Erfindung. Märchen erfindet unser Leben aufs Neue und oft aufs Bessere – deswegen nehmen Erfindungen wie Erfinder, Märchen und Märchenerzähler einen so hohen Rang in der Prestige-Hierarchie der realen Musen in der Gesellschaft ein.

Es ist die soziale Fiction – Funktion des Märchens, abends gleichsam wieder aufzubauen, was der Tag abbaute. Aufmöbelung. Die Denunziation der Unterhaltung als »untere Haltung« oder als Erwerbszweig, der purem merkantilem »Unterhalt« diene, ist eine typisch deutsche und neuerdings eine typisch ideologische Behauptung dazu.

In keinem anderen Land wird der Begriff für Kurzweil und Zerstreuung durch einen auch nur ähnlich abwertenden Begriff wie dem der Unter-Haltung diskreditiert. Aus dieser unterschwelligen Aggression gegen die sogenannte Unterhaltungsindustrie im allgemeinen und die Hollywoods im ganz besonderen spricht nichts anderes als das latente Unbehagen der Funktionäre des irrationalen Umsturzes darüber,

100

daß ihnen die Unterhaltung das Publikum für die eigene Propaganda stiehlt.

Was voll stimmt! Es ist die vornehmste Rolle der Unterhaltung zu allen Zeiten gewesen, neben der von ihr gestifteten Ablenkung, den Häuptlingen der Indoktrination das Publikum wegzunehmen und sich damit Zorn und Verfolgung durch die Protagonisten des Diktatorischen einzuhandeln.

Man erinnere sich an die Ausschaltung Hollywoods und des Jazz durch die Funktionäre der Reichsfilm- und Reichsmusikkammer im »Tausendjährigen Reich« zwischen 1933 und 1945. Man denke an die Verfolgung amerikanischer und westlicher Unterhaltung durch die SED in den 50er und 60er Jahren. Und betrachten wir uns heute, wer die Unterhaltung als »spätkapitalistische Repression« (Neues Deutschland) oder als »Nivellierung des Niveaus unterhalb der Gürtellinie« (Frankfurter Rundschau) schmäht.

Da die Unterhaltung der Ideologie die potentiellen Opfer wegnimmt, erklärte die offizielle Kulturdoktrin hierzulande Unterhaltung kurzerhand als gesellschaftsunfähig. Während sich Scharen von Demagogen, Pädagogen, Ideologen, Sozialarbeitern, Neuromantikern, Alt-Feuilletonisten und Neufilmern zur heiligen Allianz gegen die Unterhaltungsindustrie zusammenfinden und dabei altmarxistisches Repertoire ausgraben und neuauflegen, um die Unterhaltung als »Gegenbewußtsein-Industrie« (Frankfurter Rundschau) zu diffamieren, haben die ideologischen Architekten der SED drüben längst umgeschaltet:

Die SED, die früher jedwede Form westlicher Unterhaltung ablehnte, verfolgte und sogar mit hohen Gefängnisstrafen belegte, hat nun die westliche Unterhaltung, sowohl UFA-Uralt wie Hollywood ganz neu, als Stilmittel entdeckt, um den Insassen der DDR das Leben drüben schmackhafter zu machen. Die SED-Ideologen geben offen zu, daß alle Art von Schulung und Erziehung im Sinne der Partei genau das Gegenteil dessen bewirkt, was man seit Jahrzehnten drüben beabsichtigt habe. Jetzt sei die Zeit gekommen, den »Werktätigen das Leben angenehm zu machen«, so Kulturfunktionär Rackwitz.

Horst Sindermann, Politbüromitglied der SED, formulierte den neuen Trend auf einer Tagung von SED-Parteischülern so: »Wer tagsüber seine Arbeitskraft für den Aufbau der sozialistischen Ordnung verausgabt, hat abends einen Anspruch darauf, daß seine Arbeitskraft durch Unterhaltung reproduziert wird.« Zu gut deutsch: Die US-Unterhaltungsindustrie, die im Fernsehen der DDR ganz groß geschrieben wird (auf einen UdSSR-Film kamen 1988 im Durchschnitt zehn US-Filme in den DDR-TV-Programmen), trägt entscheidend dazu bei, daß Physis und Psyche der DDR-Bürger nach getaner Arbeit durch die Ablenkung der Traumfabriken reproduziert werden, um anderntags erfrischt zur Ausbeutung durch den real beginnenden Sozialismus am Arbeitsplatz wieder abgeliefert zu werden. In der DDR-Presse wurde Mitte der 70er Jahre die US-Traumfabrik regelrecht offiziell abgesegnet. In wissenschaftlich aufgemachten Beiträgen wurde begleitend darauf hingewiesen, daß auch im tatsächlichen Leben Menschen, die mehrere Monate nicht träumen, lebensbedrohend erkranken, weil »der Stau gehabter Erlebnisse nicht mehr durch den Traum abgebaut werden kann.« (Leipziger Volkszeitung, 5.6.1984)

Während die DDR, aber auch andere Länder des Ostblocks, die soziale Funktion der US-Traumfabrik akzeptieren und praktizieren, wird sie hierzulande von den Wiedertäufern der marxistischen Orthodoxie als Medium verschrien, an dem wir uns »zu Tode amüsieren.« Es ist aber nicht der von den selbsternannten Medienökologen behauptete Amüsiertod, der uns bedroht – es ist vielmehr die Verdrängung der Unterhaltung durch die Desinformation. *Wir werden zu Tode desinformiert und nicht zu Tode unterhalten.* Um von diesem Tatbestand abzulenken, werden die Postmans & Co, zumeist sinnentstellt und zweckentfremdet im Dutzend herunterzitiert. Es geht dabei nicht isoliert und allein gegen Unterhaltung, sondern vor allem um gezielte Falsch- und Fehlinformation. Dafür müssen die News- und Politmagazin-Brückenköpfe ausgebaut werden. Das Fernsehen soll, so die Strategie der 5. Feder, die politische, wirtschaftliche und kulturelle Wirklichkeit der Bundesrepublik als Wohlstands- und Wohlbehagens-Land Nummer 1 zur globalen Schlußleuchte herunterberichten.

Die Bundesrepublik Deutschland soll in den Medien als ein pathologischer Zwitter erscheinen: als Luxusherberge von Multimillionären und Neonazis auf der einen und dem millionenfachen Arbeitslosenheer auf der anderen Seite, als ein Land, in dem eine hilflose Herde entnervt und um alle Ideale betrogen durch die vermüllten Slums der Metropolen irrt.

Risse im Meinungs-Monopol

Die Besetzung des Fernsehens durch die Parteien im allgemeinen – keine ausgenommen – und der ideologischen Eiferer zur Linken im besonderen, wurde durch eine Entwicklung konterkariert, die bei den ideologischen Zerrbildnern und den hinter ihnen steckenden politischen Drahtziehern helles Entsetzen hervorrief: die Etablierung des privaten Fernsehens.

Dem Kampagnen-Journalismus in der Bundesrepublik Deutschland, gestiftet von den journalistisch ebenso exzellent wie politisch infam gemachten Ausgaben des Nachrichtenmagazins Der Spiegel, drohte plötzlich über Nacht die Gefahr, daß ihm das gigantische Super-Sprachrohr Fernsehen als Monopolbesitz aus der Hand geschlagen wird – und damit ein Millionenpublikum, das sonst nirgends so konzentriert und simultan erreicht wird.

Allabendlich schauen etwa 15 Millionen Menschen in die Nachrichten und Politmagazine von ARD und ZDF. Das besondere Unbehagen der 5. Feder erregte die Vorstellung, daß eben dieses Zuschauer-Monopol des öffentlich-rechtlichen Fernsehens durch das private Fernsehen Risse erhält und über einen Zeitraum von fünf bis höchstens zehn Jahren einem sogenannten dualen System weichen wird, das überdies noch vom höchsten Verfassungsgericht ausdrücklich gebilligt wurde.

Duales System heißt nicht etwa nur das Nebeneinander von öffentlichen und privaten Sendern, sondern das heißt vor allem, daß ARD und ZDF damit rechnen müssen, eines Tages nur noch die Hälfte der Zuschauer zu erreichen, die sie jetzt noch haben. Noch stärker beunruhigt die bisherigen Meinungs-Monopolisten in den öffentlichen Sendern, daß das private Fernsehen vor allem von SAT 1 und RTL-plus der Unterhaltung durch Spielfilme und Serien, Shows und Talks eine breitgefächerte Programmpalette einräumen würde. Die linksdrehende Medienrandale der Bundesrepublik Deutschland spitzte ihre Fernlenkfedern folgerichtig polemisch gegen das Privatfernsehen als dem kommenden Medium von »Tingeltangel und Gewalt« (Spiegel 51/79) zu.

Der Spiegel lieferte den Auftakt zum publizistischen Großangriff auf das »Kommerz-TV«, bevor dieses überhaupt auf Sendung war mit dem Blattaufmacher vom 17. Dezember 1979:

»*Privat-Fernsehen – Sex auf allen Kanälen*«. Mit dieser Titelstory zündete Augsteins Magazin eine Kettenreaktion in den öffentlich-rechtlichen Sendern und den Printmedien: Binnen eines Monats nach Erscheinen der Spiegel-Geschichte wurden allein in den 33 ARD-Hörfunkprogrammen über 378 Stories gezählt, die all das, was der Spiegel über die »kommende Volksverdummung« kolportierte, frei nachplapperten.

Der SWF etwa am 5. Januar 1980: »Das Kommerz-Fernsehen verkommt zur Sex-Postille der Konzerne.«

In den gedruckten Medien wurden im gleichen Zeitraum nach Erscheinen des Spiegel-Titels 1776 Artikel gezählt, die gegen das Privatfernsehen Stimmung machten und dabei die Leitmotive des Nachrichtenmagazins kritiklos wiederkäuten, um das Privatfernsehen a priori, noch bevor es einen allerersten Pieps von sich gegeben hatte, »als kulturellen Rückschlag von historischer Tragweite« (Spiegel) abzuqualifizieren.

Ein paar Text-Trophäen aus dieser Eröffnungsjagd der

Spiegel-Treiber gegen das Privatfernsehen – alle O-Ton-Spiegel: »Nackte Tatsachen statt nüchterner Information, wildwestliches Geballer, aber kein Report mehr aus dem Nahen Osten...« (S.39); »Fünfzig zusätzliche Morde pro Woche auf der Mattscheibe?« (S. 44); »Mehr Liebe für den Bildschirm als für den eigenen Vater« (S 46); »Jagd nach hohen Einschaltquoten, damit die Kasse stimmt« (S. 51); »Jedenfalls am Rande der Idiotie« (S. 48).

Ursache dieser Offensive war, wie geschildert, die Angst der Agitpropler um die Plätze des Zerrbildens. Der Spiegel räumt in seiner Story unverhohlen ein, daß Unterhaltung der »Rotlichtbestrahlung« den Rang ablaufen könnte. »Dagegen verblassen all die gutgemeinten »Impulse«, »Brennpunkte« und »Aspekte« ...« (S. 41)

Die Autoren dieser Spiegel-Story stellen sich daher ratlos: »Warum es so ist, daß die allermeisten Leute, das »Massenpublikum« der Soziologen, reflexhaft auf die Verheißung von müßigem Zeitvertreib und anspruchsloser Entspannung reagieren, statt den Knopf für das Bildungsprogramm, die nützliche Ratgebersendung oder für die politische, wirtschaftliche, kulturelle Information zu drücken, darüber sind sich die Forscher durchaus nicht einig.« Nicht einig?

Kabel als Kulturschande

Natürlich sind sich die Forscher längst einig, warum sich der Zuschauer lieber den »Großen Preis« (durchschnittlich 11,5 Mio Zuschauer) als »Aspekte« (1,5 Mio) ansieht:

Nicht weil Aspekte Bildungsfernsehen ist und Wim Thoelkes Großer Preis Klimbim und Klamauk, sondern weil die vom totalen Trübsinn untertunnelten Zuchtmeister des Zeigefingers die vorgeschobene Bildung lediglich als Maskerade für ihre todtraurigen Umerziehungskurse des Zuschauers

105

vom unerwünschten Frohsinn auf den diktierten Trübsinn mißbrauchen.

Auf der letzten Seite des Spiegel-Pamphlets wider das Privatfernsehen entfährt dem Autoren-Team exakt jene Anmerkung, die bezeichnend ist für die angemaßte Volksverachtung der vermeintlichen Volksbeglücker. O-Ton-Spiegel: »Der Geburtsfehler dieses Systems in Deutschland (des Fernsehens, J.T.) ist nicht gewesen, daß es zu konservativ oder zuwenig konservativ gestimmt wäre, sondern daß von ihm verlangt wurde, es allen recht – und damit schlecht – zu machen.« (S. 62)

Diesen Satz muß sich der geneigte Leser auf der Zunge zergehen lassen: *Wer es allen recht machen will, macht es schlecht.*

Nichts kann antidemokratische Gesinnung kürzer und klarer ausdrücken. Das elitäre Kasten-Prinzip hochdrehender Lordsiegel-Kulturbewahrer und rosaroter Endzeitbeschaffer in Reinkultur. Nur trügt diese Anmaßung der Volks-Umschulungsleiter nicht darüber hinweg, daß die breite Masse etwa der Fernsehzuschauer auch und gerade heute, da das Privat-TV bereits eine vielmillionenfache Verbreitung genießt (Mitte 1989 zusammen etwa 6 Mio Zuschauer in den Prime Times – den abendlichen Hauptsendezeiten), durchaus Information der Unterhaltung gleichstellt.

So ist der absolute und unangefochtene Dauer-Hit des deutschen Fernsehens auf allen Kanälen nicht eine Sendung von Big Wim oder Little Joe, weder von Juhnke noch von Jauch, nicht einmal »Schwarzwaldklinik« oder »Rivalen der Rennbahn«, sondern die Tagesschau des Ersten, gefolgt von der Heute-Sendung des Zweiten. Die beiden Nachrichten-Sendungen von ARD und ZDF sind die Dauerlutscher in der Volksgunst mit allabendlich zusammen mindestens 15 Millionen Zuschauern – Dallas und Denver können dagegen einpacken.

Genau diese Leitfunktion der beiden Nachrichten-Magazine zeigt zumindest einen der Gründe, warum es dem privaten Fernsehen bislang nicht gelang, die Zehn-Millionen-Zuschauer-Hürde zu erreichen, nachdem Christian Schwarz-

Schilling gegen den massiven Beschuß aus allen Medienrohren zwölf Millionen Bundeshaushalte ans Kabel angenabelt hat. Weil SAT 1 und RTL plus bislang nicht in der Lage waren, Nachrichtensendungen zu bringen, die in Umfang, Inhalt und Tiefe an die Nachrichtensendungen von ARD und ZDF heranreichen.

Informationssendungen bleiben auf allen Kanälen die Identifikations-Träger eines Programms. Die Führungsrolle von Tagesschau und Heute widerlegt zudem alle Spiegel-Slogans, die dem Zuschauer Abneigung gegen Bildung und Information unterstellen. Diese Abneigung des Zuschauers gilt der Belehrung und der Indoktrination. Als die publizistischen Kampagneros merkten, daß die Denunziation der Unterhaltung nicht verfing, änderten sie die Großwetter-Strategie, ohne die Taktik der Unterhaltungs-Verleumdung aufzustecken, indem sie sie durch eine ebenso lustige wie läppische Variante bereicherten.

Die Bauchredner der Pseudoerhabenheit moralisierten urplötzlich, daß Vielfalt, die sie bislang mit hochrotem Eiferkopf forderten, im Grunde dem Bürger schade und den Zuschauer in einer »Flut von Banalitäten« (Die Zeit) ertränke. Man brauche »nicht mehr, sondern besseres Fernsehen«, tremolierte die Frankfurter Rundschau.

Sie erkannten, daß Bundespostminister Christian Schwarz-Schilling, der sich klugerweise an der Debatte ums Privatfernsehen gar nicht erst beteiligte, sondern stattdessen zügig verkabelte, die »eigentliche Gefahr für die Medienkultur im Lande« (Süddeutsche Zeitung) sei. Schwarz-Schilling verkabelte so großzügig, daß der Spiegel ein Dutzend Titelgeschichten inszenierte. Schwarz-Schilling, so das Magazin und so natürlich das vieltausendfache Echo bei den vom Spiegel munitionierten Nachschreibern der Nation, von der Frankfurter Rundschau bis zur Süddeutschen, stürze die Republik unrettbar in einen unverdaulichen Kabelsalat.

Das Kabel sei überflüssig, zu teuer und außerdem dazu angetan, den »Zuschauer zu desorientieren.« (Hessischer Rundfunk).

Macht und Strategie des Spiegel

Die Gründung des Antikabel-Clans war beschlossene Sache. Der Spiegel wußte nur zu gut, daß seine politische Massenresonanz vor allem über das Millionen-Medium Fernsehen geschieht: Die Ein-Millionen-Auflage des Spiegel wird durch die stets zehnfache Millionenmenge des TV-Publikums bei ARD und ZDF in einer Weise multipliziert, daß sie mittlerweile die gewaltigste publizistische und politische Macht im Lande ist.

Ohne den Spiegel läuft im Grunde nichts – ob Raketen-Modernisierung, Abtreibung, Quellensteuer oder Wehrdienst, Gesundheitsreform oder Tiefflüge.

Die Nachrichten-Manager in ARD und ZDF greifen teilweise schon am Sonntagnachmittag (!) regelmäßig die vom Spiegel vorgegebenen Kampagnen-Themen und Szenarien in Meldungen, Stichpunkten und Semi-Stories auf.

Sämtliche politische TV-Magazine, die linken wie die rechten, und natürlich auch vornweg die Blätter von Zeit bis Stern, Frankfurter Rundschau bis Süddeutsche Zeitung, saugen ihren Meinungshonig in den folgenden Tagen aus den Spiegel-Blüten. Auch die »Bauchläden« der Vielschreiber-Journale zehren von den Spiegel-Zulieferungen. Die Nachrichtendienste von dpa bis epd lecken sich nach Vorab-Meldungen des Hamburger Magazins alle zehn Finger. Hunderte von Titeln der Regional- und Lokalpresse werden mit diesen nachrichtendienstlich aufgearbeiteten Spiegel-Themen voll versorgt.

Die eigentliche Trend- und Tendenzbestimmung der Bonner Politik erfolgt schon am späten Sonntagnachmittag, wenn die Bonner Spitzen – aller Parteien! – die druckfrischen Exemplare des neuesten Magazins zugespielt bekommen.

Mit größter Aufmerksamkeit werden dabei in den publizistischen wie politischen Schaltzentralen der Republik auch jene Themen und Namen registriert, die der Spiegel mit eiserner Konsequenz der Öffentlichkeit verschweigt, die er nicht erwähnt, unterschlägt oder kleinrechnet.

Die Nicht-Meldung und Nicht-Erwähnung, traditionell Höhe- und Tiefpunkt der Medien-Manipulation, haben im Spiegel die vollendete Form eines publizistischen Verschweige-Kartells gefunden. Das reicht von der Ignorierung des kleinen Liedermachers Gerd Knesel, der das Kains-Mal trägt, nicht links zu singen, bis zur Ausschweige-Strategie darüber, wie die Sowjetunion mit ihren nach Tausenden zählenden sogenannten Beratern und Beobachtern das von der Roten Armee ausgeblutete Afghanistan de facto weiter besetzt und unter Druck hält. Strategie und Macht des Spiegel aber hängen vital und weithin davon ab, daß die Stories des Blatts im elektronischen Medium millionenfach vervielfältigt werden und damit zuverlässig die entscheidende Hälfte der Meinungsbürger erreichen.

Der Spiegel ist absoluter Vorreiter der von ihm einsam und allein inszenierten Veröffentlichungs- und Stimmungsdemokratie im Lande. Die eigentliche Macht in ihrem tieferen Sinne hat in unserem Land nicht die Bundesregierung, sondern der Spiegel.

Niemand weiß dies besser als Herausgeber Rudolf Augstein und die Chefredaktion des Nachrichtenmagazins. Deswegen auch die gezielten Aggressionen und Kampagnen des Spiegel gegen privates Fernsehen und Schwarz-Schillings Verkabelungspläne.

Aber auch der massive Einsatz aller publizistischen Heerscharen gegen den Kabel-Deal brachte Schwarz-Schilling nicht aus der Ruhe – zumal der Bundeskanzler ungeachtet aller Angriffe auch gegen die Person seines Postministers eisern zu ihm stand.

Mittlerweile liegen vor den Haustüren von fast 14 der knapp 25 Millionen bundesdeutschen Haushalte fernsehtaugliche Kabel, die Dutzende von Programmen in bester Qualität befördern und dem mündigen Bürger der Republik die Entscheidung überantwortet haben, selbst zu betimmen, welchen Kanal er einstellt: ARD und ZDF. Oder SAT 1 und RTL plus. Nach der Unterhaltungs-Diffamierung scheiterte auch die Anti-Kabel-Kampagne trotz der Machtzusammenballung des Spiegel in den Medien.

Die Anschlußbereitschaft der Fernsehbürger an die Schwarz-Schilling-Kabel nahm trotz der Aktivitäten des Anti-Kabel-Clans drastisch zu.

Im 1. Quartal 1989 verdoppelte sich das Tempo des Kabelanschlusses gegenüber dem 1. Quartal 1988. Über 5 Millionen Haushalte – das sind gut 12 Millionen Zuschauer – waren Anfang Mai 1989 verkabelt. Ende 1989 werden es deutlich über sieben Millionen sein. Addiert man die terrestrischen Frequenzen hinzu, die Schwarz-Schilling den neuen Fernseh-Veranstaltern freimachte, können Ende 1989 über 25 Millionen Bundesbürger sich selbst ein Bild vom Privatfernsehen machen.

Die Zahl von vier Millionen Bürgern, die sich schon im Sommer 1989 allabendlich aus ARD und ZDF ausgeklinkt haben, schmerzt das linksdrehende Medien-Kartell noch mehr als die Telekraten des öffentlich-rechtlichen Fernsehens, die mit dem Verlust von Reichweiten den Rückgang von Werbung befürchten.

Ende 1990, so eine behutsame Hochrechnung des Münchner »medientelegramm« werden es acht bis zehn Millionen Zuschauer sein »die sich jeden Abend aus der öffentlich-rechtlichen Bevormundung herausknipsen.«

Wie Reklame-Teufel Werbe-Engel werden

Also änderte der Anti-Kabel-Clan seine Strategie. Als erstes warf man dabei die ideologische Verteufelung der »Werbung als eine Form des spätkapitalistischen Konsumterrors« (epd) über Bord und entwickelte im Purzelbaum-Stil eine völlig neue Werbe-Definition, die sich so liest: Werbung im öffentlich-rechtlichen System verhilft dem Informations- und Bildungsfernsehen von ARD und ZDF und damit der vom obersten Verfassungsgericht gebotenen elektronischen »Grundversorgung« zur Geltung – und ist somit gut. Reklame in Privatsendern jedoch ist eine Form von Konsumterror – und somit schlecht.

So schlicht und semantisch gekonnt ist das: Wenn im Ersten aprilfrische Wasserklos rauschen, ist's Werbung. Wenn bei SAT 1 eine Persil-Hymne in Weiß-Dur orchestriert wird, ist es angeblich Billig-Reklame. In der Folge dieses turbulenten semantischen Drehs, der Reklame negativ und Werbung positiv besetzte, begannen diverse Sender

der ARD, allen voran der Hessische Rundfunk, alle Rechts-
bedenken zur Seite schiebend, ihre Werbeprogramme aus-
zuweiten.

Zeitungen und Fachblätter, die bislang in regelrechten
Fortsetzungsromanen die Werbung als eine »Dimension der
Desorientierung« (epd) und der »bloßen Kommerzialisierung des Fernsehens« (Die Zeit) beschrieben, schalteten
wie ferngelenkt über Nacht auf die vom Spiegel vorgege-
bene »Differenzierung« um. Plötzlich wurde Werbung in
ARD und ZDF in all diesen Organen als Garantie für die
vom Bundesverfassungsgericht zwingend gebotene »Grundversorgung« des Zuschauers durch das öffentlich-rechtliche
Fernsehen erkannt.

Was verschwiegen oder zumindest an die Peripherie der
Berichte geschoben wurde, war dies:

1. ARD und ZDF nehmen durch die Werbung pro Jahr zwei
   Milliarden DM ein. RTL plus und SAT 1 nur ein Fünftel
   der Summe – nämlich 400 Mio Mark. Alle Zahlen für
   1988.

2. ARD und ZDF kassieren außerdem im Zuge einer stillschweigend geduldeten Doppelfinanzierung über 4,5
   Milliarden DM durch die dem Zuschauer auferlegten
   Zwangsgebühren, da jedermann im Lande, der »ein
   Fernseh- oder/und Rundfunkgerät zum Empfang bereit
   hält« 16,60 Mark im Monat dafür bezahlen muß – gleich
   ob er den Apparat angeschlossen hat, und wenn ja, ob er
   damit überhaupt öffentlich-rechtliches Fernsehen, oder
   stattdessen vielleicht nur privates TV sieht.

Die Privaten bekommen von diesem Gebührenkuchen
nichts.

Verschwiegen wird außerdem, daß die Doppelfinanzierung auf einer wackeligen Rechtsgrundlage beruht, die von
der Politik nur deswegen nicht aufgegriffen wird, weil sich
die Politiker aller Parteien in Sachen ARD und ZDF ruhig
und abwartend verhalten, weil sie glauben, sich nur im
öffentlichen Funk und Fernsehen vor der Gesamtbevölke-
rung ausreichend darstellen zu können.

Bei den privaten Sendern aber erreichen sie eben nicht

mal die Hälfte der Bevölkerung. Aus dieser Opportunität heraus nehmen offenbar auch Unionspolitiker bewußt in Kauf, vom öffentlichen Fernsehen, dem sie so hinterherlaufen, regelmäßig verprügelt zu werden. Dieser Opportunismus, der schon an Masochismus grenzt, erklärt, warum die Unionspolitiker zum Beispiel nicht die Rechtsgrundlage für die Werbeaktivitäten des öffentlichen Fernsehens durch eine entsprechende Normenkontrollklage feststellen lassen.

So hat Dr. Reinhard Bork in seiner Untersuchung, die als Standard-Werk gilt, über die »Werbung im Programm« (München 1988) festgestellt: »Der Staatsvertrag bestimmt zwar nicht expressis verbis , daß sich die öffentlich-rechtlichen Anstalten duch Werbung finanzieren dürfen, sondern nennt in Artikel 3, Absatz 1, nur die Rundfunkgebühr als vorrangige Finanzierungsquelle.« (S. 28) Anders gesagt: Der Medienvertrag der Bundesländer, der hierzulande Hörfunk und Fernsehen regelt, hat an keiner Stelle gesagt, daß sich ARD oder ZDF aus der Werbung finanzieren können.

Ein weiteres Zitat von Bork über das 4. Rundfunkurteil des Bundesverfassungsgerichts besagt »daß dem öffentlich-rechtlichen Rundfunk die Gewährleistung eines Mindeststandards übertragen sei (während alles darüber Hinausgehende Sache der privaten Veranstalter sei), so daß es der Werbeeinnahmen nicht bedürfe, weil die Kosten für den Mindeststandard allemal durch die Gebührenfinanzierung zu decken seien.« (S 29) Einige Seiten weiter zitiert Bork eine Entscheidung des Bundesgerichtshofes, die in Fachkreisen als »Augenoptiker-Urteil« Furore machte.

In diesem BGH-Ratschluß ist zu lesen »daß die öffentliche Hand schon dann unlauteren Wettbewerb (Paragraph 1 UWG) betreibe, wenn sie unter Ausnutzung ihrer Wettbewerbsvorteile ohne hinreichende gesetzliche Legitimation erwerbswirtschaftlich tätig wird und dabei in Konkurrenz zu privaten Anbietern tritt«. (S. 32) In diesem Zitat steckt mehr Sprengstoff als in sämtlichen Fernsehurteilen des Bundesverfassungsgerichts.

Der BGH-Spruch besagt dies:

1. ARD und ZDF haben mit ihrem 2-Milliarden-Werbein-

kasso einen massiven Wettbewerbsvorteil vor den Privaten, die zusammen kein Fünftel dieser Summe aus Werbung einnehmen.

2. ARD und ZDF dürfen, derart bevorteilt, nicht auch noch auf dem Wettbewerbsmarkt als Konkurrenten privater Anbieter auftreten und sich dort TV-Rechte mit Prioritäts-Klauseln beschaffen oder unter Ausnutzung ihres massiven Finanzvorteils ganzer Filmstocks bemächtigen.

Dieser Passus macht deutlich, daß die Werbepraxis von ARD und ZDF zumindest fragwürdig ist, daß zum Beispiel der Ankauf von fast 5000 Spielfilmen und Fernsehserien in Hollywood für über eine Milliarde Mark ein grober Verstoß gegen diesen Wettbewerb ist – die EG hat deshalb auch Klage beim Europäischen Gerichtshof gegen die ARD erhoben. Zu Recht.

Ähnliches gilt für den Globalvertrag, den ARD und ZDF mit dem Deutschen Sportbund unterhalten und der dem öffentlich-rechtlichen Fernsehen das Recht zuschanzt, bei allen Veranstaltungen des DSB die Priorität der TV-Übertragung zu erhalten. Das Bundeskartellamt hat diesen Globalvertrag zwischen öffentlichem Fernsehen und DSB abgemahnt; der Kartellsenat des Berliner Kammergerichts hat den Globalvertrag als eindeutig rechtswidrig verurteilt und verboten. Der Kartellsenat bedeutete, daß sich ARD und ZDF wettbewerbswidrig verhalten, wenn sie auf dem TV-Rechte-Beschaffungsmarkt der Konkurrenz durch derlei Monopolverträge die Möglichkeit nehmen, auch DSB-Veranstaltungen zu übertragen.

Das »Augenoptiker-Urteil« indessen greift viel weiter und postuliert: ARD und ZDF haben überhaupt nichts auf dem Markt verloren, wenn sie unter Ausnutzung ihrer unbestrittenen Wettbewerbsvorteile (4,5 Milliarden Gebühreninkasso) erwerbswirtschaftlich tätig werden.

Doppelfinanzierung und die TV-Neger

Die Doppelfinanzierung von ARD und ZDF ist das Medien-Problem Nummer 1, weil es dem privaten Fernsehen das Vorwärtskommen drastisch erschwert. Das medien-telegramm dazu:

»Die Doppelfinanzierung erweist sich als das massivste Hindernis für einen freien, wettbewerblich ausgerichteten Fernsehmarkt. Dieses Doppelinkasso aus Zwangsgebühren und expansiver Werbeaggressivität des Alt-Fernsehens schreibt den Vorsprung des ARD und ZDF-Konzerns bis zum Ende dieses Jahrhunderts fest und deklassiert die Privaten zu den TV-Negern im elektronischen Hinterhof der Republik.«

Das ist sicher polemisch formuliert, aber im Kern zutreffend, auch wenn das private Fernsehen den Vorsprung der öffentlichen Fernsehanstalten offensichtlich schneller aufholt, als man ursprünglich erwartet hatte. Dennoch kann von rechtsstaatlicher Chancengleichheit keine Rede sein! Sicher könnten etwa die von dieser umstrittenen Doppelfinanzierung betroffenen privaten Fernsehbetreiber Klage erheben – von der Normenkontrollklage über Wettbewerbsprozesse bis hin zur Verfassungsbeschwerde.

Nur: Prozesse bewirken hier kaum etwas. Angesprochen ist die Politik. Und die zögert. Die linke Seite, weil sie sich des Mediums sicher sein kann und ist.

Die rechte Seite, weil diese dem Aberglauben nachhängt, sie könne sich ausreichend über ARD und ZDF bei allen Bevölkerungsschichten artikulieren. Das Gegenteil ist der Fall. Die Politik ist deswegen nicht nur dazu aufgerufen, die Werbeaktivitäten des öffentlichen Rundfunks in Frage zu stellen, sondern auch den Gebührenstaatsvertrag im Satelliten-Zeitalter auf dessen zeitgemäße Stichhaltigkeit zu überprüfen.

Die beste Lösung wäre: ARD und ZDF finanzieren sich ausschließlich aus Gebühren, die Privaten aus der Werbung.

115

Frequenz-Blockade

Die Waffe der Werbung in den Händen der öffentlich-rechtlichen Fernsehanstalten könnte stumpf werden, wenn die CDU die Rechtsgrundlage dafür ernsthaft in Frage stellen würde. Deswegen haben die Apologeten des öffentlich-rechtlichen Systems und jene politischen Kräfte, die das Alt-Fernsehen für ihre Zwecke auch weiterhin zu prostituieren gedenken, Zuflucht zu weiteren Schikane-Strategien genommen, um dem Privat-TV den Weg zum Zuschauer zu verbauen oder doch zu erschweren.

So zum Beispiel die systematische Frequenz-Okkupierung. SWF und SDR sind Meister dieser jeweils technisch begründeten sogenannten Resteversorgungs-Notwendigkeit, mit der sie Frequenzen für sich reklamieren, sie aber in Wirklichkeit den Privaten wegnehmen. Noch einschnürender wirkte auf die Entwicklung des Privatfernsehens die Einrichtung von Landesmedienzentralen, durch die das private Fernsehen reglementiert wird, ohne daß dafür ein zwingender Grund vorhanden wäre. Strafrecht und Zivilrecht regeln hierzulande alle möglichen Rechtsverstöße und bieten ein Regelsystem an, das alles regelt, was zu regeln wäre.

Stattdessen wurden diese Landesmedienzentralen ungerührt etabliert. Sie drangsalieren heute mit mehr als 700 Mitarbeitern das private Fernsehen. Mittlerweise kommt auf jeden programmschaffenden Privat-Fernsehmitarbeiter ein halber Kontrolleur.

Um diese Zensurbehörden im Gewand von Medienzentralen zu finanzieren, wurde dem Zuschauer Anfang 1989 eine Gebührenerhöhung von 35 Pfennigen pro Monat und Haushalt zugemutet. Die damit zusätzlich gewonnenen 100 Millionen Mark werden aber nicht etwa zur Verbesserung des ARD-Programms genutzt, sondern ausschließlich dazu, die überflüssigen Medienzentralen zu finanzieren. Im Klartext: Die Zuschauer müssen pro Jahr 100 Millionen Mark Zwangsgebühren zusätzlich hinlegen, damit die ARD die Privaten unter Kontrolle kriegt – eine Schizophrenie sondergleichen.

Der Autor mit Familie

Juni 1985: Der Abzug der chemischen Waffen aus der Bundesrepublik Deutschland wird vereinbart. Mit den Abgeordneten Wimmer und Dr. Dregger beim damaligen US-Verteidigungsminister Weinberger.

April 1986: Mit einer deutschen Parlamentarier-Delegation zu Abrüstungsgesprächen in Moskau. Die russische Seite vertraten Michail Simjanin, Kommission für auswärtige Angelegenheiten (4. v. l.), und Valentin Falin, Presseagentur Nowosti, (2. v. r.).

Spaziergang mit einem Freund: Franz Josef Strauß

Juni 1982: 2. Sondergeneralversammlung der Vereinten Nationen für Abrüstung. Mit dem damaligen Bundeskanzler Helmut Schmidt bei einer gemeinsamen Pressekonferenz in New York.

Sommer 1980: In einem Lager der Freiheitskämpfer in Afghanistan, ein halbes Jahr nach dem Einmarsch der Roten Armee.

Mit Mudjahedin unterwegs

Fast zehn Jahre später: In Sarmakhel, Teil der umkämpften afghanischen Stadt Djalalabad.

April 1989: Gespräch mit dem Präsidenten der afghanischen Über-gangsregierung, Professor Modjaddedi (Mitte) und Premierminister Sayaf.

Im Gespräch mit dem damaligen Bundesminister der Verteidigung Dr. Manfred Wörner.

Mit Bundeskanzler a. D. Dr. Kiesinger in Kaiserslautern. Kiesinger stellte bei dieser Veranstaltung (1972) Todenhöfer den Kaiserlauterern als Bundestagskandidat vor.

Der Autor in seinem Wahlkreis mit Altbauer Dürr.

Der Autor im Plenum des Deutschen Bundestags, dem er seit 1972 angehört.

Rotfunk – nein danke

Die neueste Strategie des Spiegel- geführten Medienkartells ist die der Infiltration von Sendeplätzen in die Privatprogramme. Den Anfang machte wieder einmal die NRW-Administration. Nur weil sich SAT 1 bindend verpflichtete, ein vom Spiegel produziertes wöchentliches TV-Magazin zu senden, wurden SAT 1 die freien Zweitfrequenzen in Nordrhein-Westfalen zugebilligt. Hätte sich SAT 1 geweigert, hätte es die Frequenz nicht erhalten. So die Erpressung, die sich liest wie eine Al Capone-Order aus dem Chicago der 20er Jahre.

SAT 1 beugte sich und sendet seither das auch von RTL plus verbreitete »spiegel-tv«. Fernseh-Kolonialismus in der Bundesrepublik 1989. Dieser erste Fall von »Fernsehkriminalität« (medientelegramm) ist keineswegs verfassungskonform. Im Artikel 5 GG heißt es: »Jeder hat das Recht, seine Meinung in Wort, Schrift und Bild frei zu äußern und zu verbreiten.«

Dieses Recht ist SAT 1 von hinten links mit dem Frequenz-Vergabe-Würgegriff aus der Hand geschlagen worden. Der Passus des Artikels, in dem steht »Eine Zensur findet nicht statt«, ist in diesem Falle außer Kraft gesetzt worden.

Nachdem alle Strategien nicht durchschlugen, um den Vormarsch des privaten Fernsehens aufzuhalten, versuchen Spiegel und Konsorten nun das Privatfernsehen von innen her mit erzwungenen Sendeplätzen für den Rotfunk aufzurollen.

Die CDU-Politiker sollten dieser Entwicklung nicht weiter ausweichen. Sie sollten ihr folgende Strategien entgegensetzen:

1. *Sofortige Auflösung der Landesmedienzentralen und Frequenzvergabe ohne politische Bedingungen.*
2. *Kurzfristig: keine weitere Gebühren-Erhöhungen für ARD und ZDF. Abänderung des Gebührenstaatsvertrages.*

3. *Mittelfristig: Beendigung der Doppelfinanzierung von ARD und ZDF durch Werbung und Gebühren. Gebühren nur für ARD und ZDF. Werbung nur für die Privaten.*
4. *Langfristig: Privatisierung, das heißt Verkauf einer der beiden öffentlich-rechtlichen Anstalten ARD oder ZDF.*

VI

HOPPLA, JETZT KOMMT NICHTS

– Vom Nullwachstum der Alternativos –

Die Grünen sind eine junge Partei. Wer diesen Jugendtatbestand der Alternativos zu übersehen versucht oder gar verschläft, sieht politisch ganz schön alt aus. *Die Grünen sind eine junge Partei, aber keineswegs die Partei der Jugend.*

Dafür ähneln ihre alternativ kostümierten Hohepriester mit ihren schalen Kaffeesatz-Analysen zu sehr jenen frühvergreisten Berufsjugendlichen, die in allen Parteien und Organisationen vorkommen, aber denen die Grünen nun einmal eine noch schönere und noch größere Spielwiese einräumten, auf der sie ihre Schrullen und Tricks einem Publikum vorführen können, das von den etablierten Alt-Parteien leider links liegengelassen wurde.

Diesem oft noch politpubertären Jungvolk wurden in dem von ihm akzeptierten Papperla-Pop süffig jene Slogans heruntergeschlenzt, die immer ankommen: also die gesammelten Kriegs-, Öko- und Fortschrittsängste in Breitwand. Hier ist kein Weltkriegsszenario, kein Waldkiller-Schrecken, kein Luftverpester-Horror unrealistisch genug, um nicht als Weltuntergangsmeldung hinausgetrompetet zu werden.

Nur gelegentlich wird die ideologisch doppelte Buchführung unserer Medienmacher von der »Alles-Geht-Vor-Die-Hunde-Bewegung« erkennbar. Etwa wenn man für das deutsche Fernsehen und für die Bonner Presse bieder und naturverbunden mit dem Fahrrad angeblich Richtung Bundestag strampelt, um sich dann nach einigen Fotorunden wieder in die Bundestagslimousinen zurückzuflegeln und lässig zum Bundestag zurückchauffieren zu lassen.

Das ist das eigentliche Kunststück der Grünen – das Auto im allgemeinen und den Daimler im besonderen zu verteufeln, die Pedale als alternatives Fortbewegungsmittel zu preisen und dann im selben Atemzuge ungerührt das Gegenteil dessen zu tun, was man predigte. Dieser Geniestreich der Demagogie bleibt in solch purer Konsequenz den Grünen vorbehalten.

Sie übertreffen damit sogar noch jenen legendären hessischen Ministerpräsidenten namens Börner, der unter seiner Landesherrlichkeit auf Hessens Autobahnen Tempo 100 verordnete und von Reportern der Frankfurter Allgemeinen gleich mehrfach dabei erwischt wurde, mit flotten 160 über diese Pisten zu rasen. Sein Parteigenosse Schnoor würde ihm heute am Tatort den Führerschein wegnehmen wollen, wenn er könnte, wie er wollte, sagt er.

Wasser predigen und Wein trinken, diese uralte Schizophrenie zwischen Lippenbekenntnis und Tun fand bei den Grünen in politisch nicht mehr überbietbarer Höchstform Vollendung. Sicher: Die Grünen sind nun einmal auch in dieser Frage eine alternative Partei. Wer das übersieht, verliert ein Stück Realität aus dem Blick.

Die Grünen bieten einen ganzen Versandhauskatalog mit donnernden Zugnummern des politischen Ramsches und der politischen Scharlatanerie an:

- Sie propagieren Basisdemokratie, die in Wirklichkeit zur Unmündigkeit des Bürgers führt.
- Sie trommeln für eine Wirtschaftspolitik des Nullwachstums, welche das Ende der Industriegesellschaft herbeiführt.
- Sie pumpen die Panik von der Umwelt-Endzeit auf, statt wirklich Umweltpolitik zu machen.
- Sie beteuern, daß ihnen Diktaturen und Gewalt zutiefst zuwider seien, um im selben Moment den Terroristen und Chaoten bei uns Duldung und Verständnis zu bekunden – wohl die bloßstellendste Schizophrenie der Grünen, wenn man ihre Pilgerwanderungen zu Ghaddafi einmal außer Betracht läßt.
- Sie predigen waffenfreie Friedenspolitik und lassen im selben Atemzuge nichts unversucht, unsere Demokratie für Moskaus Machtpolitik disponibel zu machen.
- Bei den Grünen ist diese Bewußtseinsspaltung zur offi-

130

ziellen Heils- und Verhaltenslehre zurückentwickelt worden – sie versuchen, eine ganze Nation auf ihr eigenes intellektuelles Entwicklungsalter zurückzudatieren.

● Sie schimpfen gegen Luftverschmutzung durch Autos und schicken als Abgeordnete Chauffeure des Bundestag-Fuhrparks mit dem Dienst-Mercedes nachts zum Schnapskauf los, um ihre Partys mit Stoff zu versorgen.

● Sie wettern gegen die Luftverschmutzung der Jets, und Frau Ditfurth jettet mit Gspusi von Sri Lanka nach Europa mit, klar doch, 1. Klasse-Ticket.

● Sie donnern gegen die Luftverpestung durch die Dreckschleudern der Kohleindustrie und predigen zugleich den Ausstieg aus der Kernenergie, die als einzige Energie diese Luftverschmutzung überflüssig machen kann.

● Sie heulen gegen die Diäten der Abgeordneten und haben noch nie eine Erhöhung zurückgegeben.

● Sie schimpfen gegen den Aufwand und die Verschwendung der Politiker – aber als Joschka Fischer und seine Turnschuh-Sekretäre in das Börner-Kabinett gewählt worden waren, war ihre erste Maßnahme, sich mit Super-Limousinen zu versorgen.

● Sie geißeln das Fernsehen als »Instrument der Repression, der geistigen Verdummung und Nivellierung« (O-Ton Ditfurth), und es gibt kaum einen Talk, wo sie nicht wie der Rote Dani, Joschka Fischer, Jutta Ditfurth und Antje Vollmer in der ersten Reihe sitzen, um dem Publikum ihre Parolen anzudienen.

● Sie kritisieren den Polittourismus in ferne und nahe Länder – aber es gibt heute kaum eine Delegation, in der sich nicht die alternativen Abgeordneten, vorzugsweise 1. Klasse, dem politischen Jetset zugesellt haben.

Es ist ja auch gut so, daß die Herrschaften, die auszogen, diesen Staat zu untertunneln, heute in dessen höheren Regionen Gefallen an seinen Früchten finden. Diese Integration der Aufsässigkeit ins Establishment ist sicherlich die lautloseste und nachhaltigste Demaskierung und politische Stillegung der rebellisch Gegen-Den-Strich-Gekämmten, die links reden, aber rechts leben. »Wer erst einmal korrum-

piert ist, wird so schnell nicht wieder auf die Straße gehen«,
erkannte Antje Vollmer und traf damit des Pudels Kern.

Die Diktatur der Ängste

Angst ist die Generalstrategie der Grünen. Sie projezieren
die Massenpsychosen vom Endzeit-Stuß in allen Medien.
Sie lassen die Erde alle zwei Jahre im atomaren Inferno
untergehen, vor Schmutz bersten, Feuer vom Himmel fallen, Gamma-Strahlung durch die Ozonlöcher auf die Menschen herabregnen, sie scheuchen des Bürgers Horror vor
Volkszählung und maschinengelesenem Personalausweis
auf, beschwören die digitale Diktatur, behaupten, daß elektronische Datenverarbeitung die Bürgerrechte abbaue, daß
Klimaschocks und Computer-Blackouts die Erde vernich-
ten.
   Diese Strategie der Ängste ist verständlich. Denn nur,
wenn die Angst die Massen wirklich ergreift, wird sie zu
jener Waffe, die es den alternativen Kampagneros erlaubt,
sich inmitten des Neurosenzirkus als die letzten Retter zu
profilieren.
   Orwells 1984 nimmt sich gegen die furiosen Schreckensbilder der grünen Zukunftspropaganda aus wie ein orientali-
sches Schmusemärchen aus tausendundeiner lauen Mond-
nacht: Denn in der von den Grünen vorausgesagten digita-
len Endzeit-Diktatur des Plutoniumstaates des Jahres 2020
taumeln draußen durch die zertrümmerten Städte jene ver-
strahlten Elendsgestalten der letzten Menschheits-Tage, gespenstisch vom atomaren Feuer beleuchtet, während sich in
den atomsicheren Super-Bunkern die herrschenden Mega-
watt-Barone zufrieden auf die Schenkel klatschen. That's
Life – laut Grün.

Die Windeier der Anti-Atom-Spontis

An oberster Stelle der totalen Angstmache steht das Atom. Nur – die Alternativos sagen nie und nirgends präzise, warum. Sie fächern radioaktive Stoffe auf, schwafeln von Curie und Becquerel. Aber sie gehen partout nicht auf die Frage ein, was sie substantiell und sachlich gegen die sicherste aller Energiequellen vorzubringen haben. Sie wissen, daß Tschernobyl nicht am Rhein liegt, sondern bei Kiew, daß der ukrainische Wellblechreaktor nicht mit dem Standard deutscher KKWs vergleichbar ist, die als die sichersten der Welt gelten. Sie wissen, daß die Schwefeldioxidbelastung in Bayern, wo 60 Prozent des Stroms aus Kernkraftwerken stammt, auf 20 Prozent des Wertes von 1976 sank, als die Kernenergie in Bayern noch keine Rolle spielte.

Sie wissen, daß in Ländern – wie etwa Frankreich –, in denen die Kernenergie voll genutzt wird, die Schwefeldioxidbelastung der Atmosphäre ungleich geringer ist als hierzulande.

Sie wissen, daß bei einem Umstieg auf Kohlekraftwerke jährlich 400.000 Tonnen Schwefeldioxid zusätzlich in unseren Himmel geblasen werden – vom Treibhauseffekt durch Kohlendioxid ganz zu schweigen.

Aber sie verdrängen die intelligente Einsicht durch manische Schwärmerei. Sie wollen keine Einsicht, sondern nur ihre Ansicht.

Sie wissen, daß die von ihnen gepriesenen alternativen Energien auf absehbare Zeit unrealisierbar sind.

Wind kommt nicht in Frage. Jeder, der bis Zehn zählen kann, weiß dies. Das mit PR-Tamtam und Medienrummel vor Jahren angedrehte Superwindrad namens Growian wurde längst stillschweigend wegen Unergiebigkeit demontiert.

Die Nutzung des Windes käme zehnmal so teuer wie Strom aus normalen Turbinen. Aber das stört die Grünen nicht, sie setzen auf dieses Windei, als gäbe es menschliche Logik nicht mehr.

Außerdem müßte man, um den heutigen Energiebedarf durch Wind zu decken, eine Fläche in der Größe fast der halben Bundesrepublik mit Windrädern zustellen. Es stört sie nicht. Das sind Einzelheiten, an denen sie, wie andere Phantasten vor ihnen, keinen Anstoß nehmen – wenn nur das große Ziel bleibt, das alle wollen und keiner kennt.

Sonnenstrom aus Solarenergie ist zwanzigmal so teuer wie Windenergie. Also vorerst völlig unwirtschaftlich, unrealistisch. Phantasmo pur. Ein Grüner aber nimmt an pingeligen Vorrechnereien keinen Anstoß. Das schöne Endziel, die Gefühlsdemokratie aller Zukurzgekommenen, die die Leistungsgesellschaft schon deshalb nicht mögen, weil sie dort nicht gebraucht werden – das ist es, was ihn bewegt.

Für ein Solarkraftwerk in der Kapazität von Biblis, so führt Wiedemann aus, »müßte man zehn Autobahnen von Hamburg bis München mit Solarzellen vollstellen«. (a.a.O. S. 168) Niemanden in der grünen Szene interessiert das, da man diese ungeliebten Autobahnen, Triebpisten der Hochgeschwindigkeitsneurotiker, ohnehin wieder umpflügen und zur Weide für die vom Aussterben bedrohte Tierwelt machen will.

Der Totalausstieg, den die Grünen und Teile der SPD fordern, würde die westdeutsche Wirtschaft um Jahrzehnte zurückwerfen, aus dem Exportland Bundesrepublik ein Importland machen, das sein unterstes Energieniveau nur durch teuer gekauften Atomstrom aus Frankreich oder dem Ostblock retten könnte. Das geht sie nichts an, sagen sie. Atomstrom ist böse. Die Sonne schön.

In ihren Alternativkneipen stimmen sie dann den Refrain an, daß zwischenmenschliche Wärme tausendmal mehr Strom liefert als alle AKWs und Sonnen zusammen. Irrationalismus ist in, Analyse out.

Die totale Umstellung auf fossile Energie kostet eine Billion Mark. Zur Erinnerung: Das sind eine Million Millionen. Ganz davon zu schweigen, daß jedes Stück Kohle und jeder Tropfen Erdöl, den wir durch die Schornsteine jagen, unwiederbringlich verloren ist.

Doch das kümmert grüne Phantasten schon gar nicht. Sie

haben mit der alternativen Wirtschaft und den Ökobanken offenbar das grüne Geld erfunden, mit dem zwar alles zu finanzieren, aber nichts zu bezahlen ist.

Sie wissen, daß mit der Umstellung auf fossile Brennstoffe, also auf Kohle, nicht nur die Luft verpestet und der Treibhauseffekt verstärkt würde, sondern daß die Kohle als wichtigster Rohstoff für die Pharmazie verschleudert würde und die Medizin weit zurückgeworfen würde. Es rührt sie nicht, wenn ihnen nur morgens das Müsli gereicht und abends der Pulli aus Naturgarn gestrickt wird.

Die Katastrophe aus Klimaschock, Pharmazie-Blackout und sozialer Verelendung wäre die unmittelbare Folge der Ausstiegs-Phantasien der Grünen.

Eberhard Diepgens Charakterisierung der alternativlosen Grünen ist die wohl treffendste: »Sie stehen mit beiden Beinen fest in der Luft.«

Technophobie: die wahnhafte Abneigung gegen den technischen Fortschritt

Fakten, insbesondere wissenschaftliche, spielen für die Grünen keine Rolle. Die Grünen führen einen Glaubenskrieg, über den es keine Diskussionen gibt. Der wird geführt, nicht besprochen. Thomas Ebermann verkündete in der Hamburger Bürgerschaft klipp und klar die grüne These: »Kompromißfähigkeit ist kein Lernziel.«

Die irrationale Verabredung ist die Geschäftsgrundlage dieser Alternativkultur. Utopie hat Vorfahrt vor Realität. Basta! Manipulation vor Manifestation. Emotion vor Ratio. Grüne Soße und Rote Grütze – das Ergebnis ist die Pervertierung des Wahrheitsanspruchs zum Manipulationsmonopol.

Die Formierung der Grünen gelang aus der Mobilisierung des Angstpotentials, das zu ihrem zentralen politischen

Handlungsinstrument wurde. In dem von Dr. Manfred Langner herausgegebenen Sammelband »Die Grünen auf dem Prüfstand« (Bergisch-Gladbach 1987), in dem sieben berufene Wissenschaftler und Soziologen das grüne Phänomen analysieren, wird auf Seite 259 Elisabeth Noelle-Neumann zitiert, die auf internationale Studien verwies, in denen die Gefühlslage verschiedener Länder verglichen wird. Gefragt wurde, wie man sich in letzter Zeit gefühlt habe.

»46 Prozent der Deutschen (!), im Durchschnitt 26 Prozent aller Europäer und nur 17 Prozent der Amerikaner sagten: »Ich war sehr niedergeschlagen, habe mich sehr unglücklich gefühlt.« Die Frage »Haben Sie sich sehr einsam gefühlt oder so, als ob die anderen Menschen ganz weit weg von Ihnen seien?«, beantworteten 33 Prozent der Deutschen zustimmend (europäischer Durchschnitt 20 Prozent, Amerikaner 16 Prozent).«

Diese Gefühlsumschichtung im Wohlstandsland Nummer 1 geht Hand in Hand mit dem grassierenden Anti-Techno-Wahn in den Medien. Die beiden Mainzer Kommunikationswissenschaftler Hans Mathias Kepplinger und Rainer Mathes haben in der Studie »Künstliche Horizonte« (Uni Mainz) 6065 Artikel unter die Lupe genommen und ihnen 56.194 wertende Aussagen entnommen.

Bilanz der Studie: Zunehmende Technophobie, wahnhafte Abneigung gegen den technischen Fortschritt, unter den Journalisten. Die Sach-Berichterstattung über technologische Zusammenhänge wird systematisch durch Meinungsberichte verdrängt. Die beiden Forscher weisen darauf hin, daß kurz nach der Mondlandung des Teams von Neil Armstrong die technofreundliche Berichterstattung kulminierte und seither abbaut und einer Negativberichterstattung weicht. O-Ton der Studie:

»Die Orientierung über Technikfolgen anhand der Presseberichterstattung gleicht einem Blindflug anhand eines künstlichen und völlig willkürlichen Horizonts«.

Strafporto für Wohlstand

Jede Bewegung schlägt in ihr Gegenteil um. Aus wild wird weich. Aus weich wild. Laut folgt leise. Und umgekehrt. Die Entwicklung verläuft, wir wissen das seit Hegel, in Gegensätzen – ohne sich dabei zurückzuentwickeln, wie es uns die verlernten Schüler von Rousseau heute mit ihren grünen Parolen weismachen möchten.

Ein solcher natürlicher Gegensatz ist, daß die Explosion des Wohlstandes in unserem Land, eingeleitet durch das von Konrad Adenauer und Ludwig Erhard begründete Wirtschaftswunder, auf der einen Seite der emotionellen Skala Gefühlsausschläge der Zufriedenheit registriert, auf der anderen Seite aber eben auch die des schlechten Gewissens über ein Zugutgehen inmitten einer unbefriedeten und in weiten Teilen hungernden Welt.

Zu den natürlichen Gegensätzen des Wohlstandes zählt auch die Tatsache, daß neben den Architekten und Nutznießern des Gutergehens auch deren Opfer sowie die Übergangenen zu zählen sind – etwa die Arbeitslosen und jene Minderheiten, die sich dabei schwertun, sich in einer Leistungsgesellschaft zurechtzufinden, geschweige denn, sich mit ihr zu arrangieren. Die Tu-Bloß-Nix-Verkünder stehen dabei nicht allein auf weiter Flur. Ihnen gesellen sich frömmelnde Rückwärts-Romantiker hinzu, die davor warnen, »den Himmel zu versuchen«. Unter den Technophoben aller Länder sind auch jene ideologisch motivierten Maschinenstürmer auszumachen, die alles Heil der Welt bei Mutter Natur entdecken wollen. Sie alle eint ein im Grundton romantisch eingefärbter Kulturpessimismus als Gegenpol zum Fortschrittsoptimismus.

Ihre millionenfache Gefolgschaft beziehen sie aus dem breit vorhandenen Angstpotential, dem sie zusätzlich das schlechte Gewissen dafür einreden, daß man für dieses Leben im Wohlstandsparadies eines Tages bezahlen müsse, unabhängig davon, wie sozial man sich gegenüber seinen Mitmenschen verhalte.

Das sitzt, zumal dieses dumme Gefühl ganz im Sockel des Unterbewußtseins festgezurrt wurde.

Ein Vogel sieht grün

Die grüne Bewegung wäre längst an den Rand, über den sie kam, zurückgedrängt, wäre da nicht eine heillose Sozialdemokratie, die nach der Verabschiedung all ihrer Vernunftträger von Georg Leber bis Helmut Schmidt, Peter Glotz und Hans Apel, der rotgrünen Koketterie den Vorzug vor der Bewahrung der sozialen Demokratie gibt.

Die deutsche Sozialdemokratie unter Hans-Jochen Vogel biedert sich dem grünen Irrationalismus wider besseres Wissen an, um nach Frankfurt und Berlin mit den Anarchos und Randalis in Bonn an die Macht zu kommen. Die SPD, die große und verdienstvolle Volkspartei, ist angesichts des rotgrünen Sogs umgefallen.

Während die CDU klar Position gegenüber dem rechten Rand bezieht, ist die deutsche Sozialdemokratie offensichtlich dabei, ihre Glaubwürdigkeit beim Wähler durch Anpassung an die Grünen zu verlieren – und dabei ein großes Stück gemeinsam aufgebauter Nachkriegsdemokratie. Man kann das Wahlprogramm von Rotgrün auf einen Satz reduzieren: »Hoppla, jetzt kommt nichts« – zumindest nichts Gutes.

Was ist nur aus der großen traditionellen Volkspartei SPD geworden?

»Mit der Dachlatte« wollte Holger Börner noch 1983 das Problem der Grünen lösen. Heute läuft die SPD im Norden und im Süden, im Westen und Osten unserer Republik den Grünen mit rosaroten Brautsträußen hinterher.

VII

EIN VOLK SIEHT ROT

– Afghanistan und wir –

Zuweilen ertrinkt das Auge in der bizarren Romantik der gigantischen, wilden und unberührten Bergwüste Afghanistans, die mich an Erlebnisberichte Sven Hedins erinnert.

Die blutigen Realitäten des an jeder Wegebiegung lauernden Todes sind für Sekunden verdrängt.

Die Nostalgie, die uns beschleicht, wird jäh von den Einschlägen vollautomatischer Sowjetgranaten zerstört. Oder von den Szenarien zerstörter Fahrzeuge im Geröll neben der zerschossenen Piste in die Gegenwart zurückgeholt

Die reißenden Flüsse, die unsere Kolonne aus dreizehn Jeeps durchquert, die zerklüfteten Felsrinnen, durch die der motorisierte Konvoi sich schlängelt, liegen im minutiös zerstörenden Zugriff eines unsichtbaren Feindes. Wir hören ihn, aber wir sehen ihn nicht. Wir vernehmen deutlich das Pfeifen der sowjetischen MIGs, die uns unsichtbar im tiefblauen Himmel todsicher voll im Visier haben. Unsere mörderische Safari dauert vierzehn Stunden. Was hier von dreißig wettergebräunten und kampfgegerbten Mudjahedin, den heiligen Kriegern, durch Afghanistan chauffiert wird, ist nicht irgendeine Konterbande des Widerstandes, sondern das Herzstück des neuen Afghanistans, das der Roten Armee siegreich widerstanden hat:

In den Jeeps sitzen, eng zusammengepreßt, der neugewählte Übergangs-Präsident des Landes, Professor Mojaddedi, und sieben Minister des Anti-Kabuler Kabinetts – und wir, Christoph Hörstel, ARD-Korrespondent, Egon Weimer, Leiter meines Bonner Büros, und ich.

Fahrziel: Der Distrikt Urgun, wo die afghanische Übergangsregierung, wie mir deren Präsident bedeutet, eine »symbolische Sitzung« vorhabe, »um erstmals einen gewähl-

ten Abgeordneten eines ausländischen Parlaments auf hei-
mischem Boden zu empfangen« – und nicht im gastgeben-
den Nachbarland Pakistan.

Endzeit für Phrasen

Von Symbolismus und Gesten ist dennoch weit und breit
keine Rede. Mojaddedi und sein Premierminister Sayyaf,
der uns an diesem Apriltag des Jahres 1989 in seinem Haupt-
quartier in den Bergen Urguns erwartete, feierten mit diesem Kabinettsstück die Premiere ihrer blutig erkämpften
Souveränität. Sie kamen in Urgun sofort und knallhart zur
Sache.

»Warum«, so Sayyaf, »warum erkennt uns der Westen
nicht als die Regierung Afghanistans an? Wir kontrollieren
95 Prozent des Landes. Warum also nicht?«

Es hagelt Fragen. Sayyaf und Mojaddedi zeigen offen ihr
Unverständnis: *»Wieso verneigt sich der Westen noch immer
vor den russischen Marionetten in Kabul?»*

Der afghanische Präsident konfrontiert uns mit dem Vorwurf, daß der Westen mit jedem weiteren Tag, mit dem er
das Moskauer Marionetten-Theater in Kabul de facto akzeptiert, ungezählte Unschuldige zum Tode verurteilt. »Unterschiedslos Frauen, Kinder, Greise und Krieger!«

Uns bleiben die Antworten wie Würgegift im Halse stek-
ken. »Warum«, so Mojaddedi, »warum stellt uns der Westen als Khomeinis oder Ghaddafis hin, nur weil wir Mos-
lems sind? Was haben wir damit zu tun? Wir hatten im
Unterschied zu Ghaddafi und Khomeini die Rote Armee in
unserem Land, die wir zum Teufel jagen mußten. Jetzt
kontrollieren wir dieses Land, und im höchst bequemen
Westen sitzen die Regierungen und schauen gemütlich zu-
rückgelehnt ins diplomatische Fernglas und seufzen: ›Na,
mal sehen, wie das ausgeht!‹ Das ist doch gespenstisch.«

142

Will die Welt betrogen sein? Goethes Umschreibung dieses Wirklichkeitsverlustes durch Distanz am Beispiel jenes Lehnstuhl-Patriarchen, der gemütvoll beim Tokaier sitzt und vom fernen Kriege in der Türkei liest, zieht im Zeitalter der totalen Kommunikation nicht mehr. Afghanistan ist uns längst näher als irgendein Rückblick auf ferne Geschichten der Geschichte.

»Was«, so einer der afghanischen Minister, »was wir vorhaben, ist Demokratie. Wir wollen keine fundamentalistische Diktatur, sondern eine demokratische islamische Republik, in der alle gleiche Rechte haben. In der die Menschenrechte nicht nur Buchstaben sind. Aber es ist doch klar, daß wir dieses Land moslemisch haben wollen, so wie Ihr Euer Land christlich. Oder?« Keine Antwort fällt mir ein.

Mojaddedi: »Wir haben allen unseren Gegnern eine Generalamnestie angeboten. Allen. Auch Nadjibullah. Was, so frage ich Euch, was sollen wir denn noch tun? Weiter schießen?! Ist der Westen denn nun an Krieg oder Frieden in Afghanistan interessiert?« Ich sage, der Westen will kein weiteres Gemetzel in Afghanistan. Aber Sayyaf konterte aus der Hüfte mit dem Argument, daß er da nicht so sicher sei. Denn: »Wie kommt es dann, daß der Westen ausgerechnet auf den vom sowjetischen KGB ausgeschmierten Leim kriecht, daß wir nicht in der Lage seien, die beiden letzten wichtigen Festungen des sowjetischen Afghanistan-Menetekels Kabul und Djalalabad zu erobern. Wie kommt denn das?« Und dann noch obendrauf:

»Weiß bei Euch denn niemand, daß sich Nadjibullahs Söldner nur halten können, weil diese Statthalter der Sowjets in Kabul und Djalalabad durch tausende Original-Russen, als »Berater« und »Beobachter« getarnt, gesteuert und geführt werden?« Die Russen, so Mojaddedi, sind dabei Meister in der teuflischen und völkerrechtswidrigen Strategie, sich hinter den Leibern von Hunderttausenden Bürgern in Kabul zu verschanzen.

Und dann die entscheidende Frage des afghanischen Präsidenten: *»Werden wir vom Westen erst dann anerkannt,* *wenn wir in diesen Schutzwall hineinschießen? Sollen die künftigen Anerkenntnis-Schreiben westlicher Regierungen etwa mit dem Blut unserer Frauen und Kinder, die in Kabul auf uns warten, unterschrieben werden? Ich kann mir das nicht vorstellen. Aber Euer Verhalten zwingt mir diese Vorstellung auf.«*

Fragen, die wie Pfeile den Westen aufspießen. Mojaddedi hat in jedem einzelnen Punkt recht. Ich habe längst aufgehört zu antworten. Endzeit für Phrasen.

Die Hölle von Djalalabad

Aufbruch. Wir müssen weiter. Diesmal werden wir sechzehn Stunden bis auf den letzten unserer Knochen durchgeschüttelt. Wir wollen nach Djalalabad, der am härtesten umkämpften Stadt Afghanistans. Mit vier getarnten Jeeps. Diesmal geht es über den Kyberpass im Hindukusch und dann auf der »Straße des Todes« immer Richtung Djalalabad.

Es ist meine dritte Afghanistanreise. Die erste fand im Sommer 1980, die zweite Ende Dezember 1985, die dritte im April 1989 statt. Es waren immer die gleichen Danteschen Schreckensbilder aus Trümmern, Tod und Bomben. Ich will nicht mehr an Djalalabad denken, nicht mehr an jene drei Kilometer völlig ungeschützter Fahrt bis zu dem von den Kabuler Kommunisten gehaltenen Flughafen, die uns wie eine Ewigkeit vorkamen, nicht mehr an das »Zielscheiben-Bombardieren« der sowjetischen Migs auf unsere Jeeps.

Ich will von all dem nichts mehr hören und sehen. Für mich ist Krieg in unserer Zeit ein schrecklicher dumpfer Albtraum. Wir kamen durch nach Djalalabad und wir kamen heil wieder zurück; dafür bin ich dankbar. Schluß, aus! Nachts kehren wir nach Peshawar in Pakistan zurück. Peshawar, die Metropole des großen Exodus, das Flüchtlings-

Kreuz Asiens. 350.000 Menschen von über fünf Millionen Flüchtlingen haben hier in letzter Not Zuflucht vor dem sowjetischen Terror gefunden. Zahllose Schwerverletzte liegen hier in erbärmlichen Krankenhäusern. Junge Männer, denen Tretminen beide Beine abgerissen haben. Verstümmelte Kinder, denen Moskaus rotierende Todesboten explosives Spielzeug vom Himmel regnen ließen – Spielzeug mit Zeitzünder. Apokalypse des Satanischen.

»Schmetterlingsbomben« nannte die Weltpresse diese Ausgeburt des Kriminellen, die kindliche Unschuld und Neugier mit Spielzeug ködert, um sie dann, von Detonationen zerrissen, vom Leben zum Tode zu befördern oder zu ewigen Krüppeln zu machen. Diese Kinder-Killer wurden an Moskauer Schreibtischen ersonnen. Die Bilder der wenigen überlebenden Kinder werden mir nie aus dem Sinn gehen. Viele dieser Überlebenden des Holocaust von Kabul liegen in der Hölle von Peshawar: zu menschlichen Wracks verelendet. Der sechsjährige Pewar ohne Beine. Die vierjährige Nabala ohne Arme. Anderthalb Millionen Afghanen starben den Sowjettod. Vor allem Frauen und Kinder. Niemand hat die zehntausende verkrüppelter afghanischer Kinder jemals genau gezählt.

Zum Zuhören zu feige

Dem genialisch gewitzten Wolfgang Neuss fiel einst eine Zeile ein, die mich faszinierte, weil sie das Phänomen des bundesdeutschen Schweigekartells treffender als alle Analysen beschreibt.

Neuss: »Kann man so geschickt schweigen, daß man verstanden wird?«

Man kann. Und wie! Bei Afghanistan sind jene Medien, die auf dem einen Auge blind sind, selbst zum Zuhören zu feige. In einer breit angelegten Vertuschungs-Aktion verschweigen sie der Nation in Tagesschau oder Frankfurter Rundschau, daß das kommunistische Morden in Afghanistan auch nach dem offiziellen Abzug der Russen weitergeht.

Dagegen wurde in Cinemascope und Supercolor jenes von der sowjetischen Nachrichten-Agentur TASS verbreitete Hochglanz-PR-Foto vor allem in den deutschen Medien regelrecht zelebriert, auf dem zu sehen ist, wie Boris Gromow als angeblich letzter roter General über die Termes-Brücke, über diesen sowjetisch-afghanischen Grenzfluß zurückkehrt und von seinem Jungen umarmt wird – ein rührendes Buntbild für das schillernde sowjetische Propaganda-Album.

General Gromow verkündete, und weltweit war das Medien-Echo zu hören, als sei dies die Himmelsbotschaft des Erzengels Gabriel höchstpersönlich:

»Ich gehe als letzter Mann. Hinter mir gibt es keinen einzigen Sowjetsoldaten mehr.«

Der Satz war so unwahr wie geschickt. Millionen Medienmacher gingen gläubig in die Knie. Niemand wollte nun mehr wissen, ob dieses Foto trügt und das Generalswort betrügt. Man glaubte. Urbi et Gorbi – sein Wort zählt.

Perfekter kann man eine Szene nicht stellen. Denn in Afghanistan geht das Morden gnadenlos weiter.

Und die deutschen Medien sind zum Hinsehen und Zuhören zu feige, obwohl sie die Tatsachen kennen. Das sind die Facts:

- Rund 10.000 Sowjets stehen in Kabul und Djalalabad als schwerbewaffnete Berater vor dem Marionettenregime von Nadjibullah – sie haben sich perfekt wie teuflisch hinter 1,5 Millionen Zivilpersonen verbarrikadiert.
- In die afghanische Geheimpolizei Khad sind 200 Sowjetagenten eingeschleust worden.
- Der Stützpunkt Kiligai an der Salangstraße wird von sowjetischen Ingenieuren weiter ausgebaut, so daß jederzeit offizelle Truppen der Roten Armee reibungslos ins Innere des Landes rollen können. In Kabul gibt es ganze sowjetische Wartungseinheiten für Panzer, Flugzeuge

und Artillerie – in afghanischen Uniformen versteht sich, meist rekrutiert aus den asiatischen Sowjetrepubliken, deren Bürger den Afghanen äußerlich wie ein Ei dem andern gleichen.

● In der nordafghanischen Stadt Maza haben die schwerbewaffneten Berater und Sicherheitskräfte der Sowjets eine regelrechte Festung aufgebaut – als militärisches Bindeglied zwischen Moskau und Kabul.

● Moskau hat über 100 sowjetische SS12/SCUD-Raketen in Afghanistan eingesetzt. Mein Gott, was wäre im Deutschen Fernsehen, was wäre auf den Straßen im Westen los, wenn die USA in Nicaragua amerikanische Pershing-Ia- oder Lance-Raketen mit konventionellen Sprengköpfen einsetzen würden. Millionen Linke würden täglich demonstrieren, die Hölle wäre los! Aber sowjetische SCUD-Raketen gegen die afghanische Bevölkerung, das ist kein Thema. Mondo cane! Welch jämmerliche doppelte Moral!

Linksverkehr im Mediadrom

Wenn Pinochets Polizist Pepe den Berufs-Revoluzzer Rinaldo schräg anschaut, leidet 15.000 Kilometer entfernt automatisch unser Bundespoet Günter Grass und hebt an, Reime der Rührung und Rache zu schmieden.

Wenn Bothas Büttel eine Demo auseinandertreiben, zerknittert Trauer das ohnehin zerfurchte Antlitz des Berliner Altpfarrers Albertz. Die deutsche Linke faßt sich dann an den Händen und singt das hohe Lied von der Solidarität mit den Unterdrückten aller Länder – bis eben auf die Länder, in denen zum Beispiel sowjetische Schmetterlingsbomben Kinder zerfetzen und verkrüppeln.

Afghanistan ist eben kein Lieb-links-Land und fällt aus der Solidarität der Einäugigen heraus.

Kein linker Student hat hierzulande je auch nur einen Schritt auf die Straße gesetzt, um gegen die sowjetische Invasion in Afghanistan zu protestieren.

Kein Literat hat je eine Ode oder auch nur eine Adresse auf seinem Schreibklavier intoniert, um der Ausblutung des afghanischen Volkes zu gedenken. Afghanistan ist bei Poeten und Popsängern tabu. Für Yves Montand, Frankreichs Chanson- und Schauspielgenie, das einst mit seiner Frau Simone Signoret bei Stalin im Kreml dinierte und von der »Humanité« als »das linke Weltgewissen« gefeiert wurde, war diese doppelte ideologische Buchhaltung der Linken, »der Hauptgrund, mit dem Kommunismus und der linken Aktionsfront zu brechen.«

Wenn noch jüngst im fernen Südafrika die mittlerweile politisch als »Kriminelle« (taz) kompromittierte Frau Mandela ein Wort in die Mikrofone hauchte, sanken sich hierzulande die Barden und Poeten, glückselig über den Widerstand gegen die Apartheid, in die Arme.

Seit Frau Mandela unter Mordverdacht steht, der millionenfachen Bereicherung beschuldigt wird und obendrein der Begünstigung von Kuppelei unter Minderjährigen, ist es ruhig geworden unter den deutschen Lieb-Links-Troubadouren.

Nie hat sich ein deutscher Student oder Literat aus der professionellen Betroffenheits- und Bekundungs-Szene dazu aufgerafft, etwa gegen den Krieg zwischen Iran und Irak zu demonstrieren, der Hunderttausende das Leben kostete, junge Männer, die dieses Leben nie erlebten, Minderjährige, die, von Fanatikern angestiftet, ihr Leben auf einem der sinnlosesten aller Abschlachtungsfelder ließen.

Kalt ließ sie die Terror-Order des verstorbenen Ayatollah Khomeini, daß Frauen, die die eheliche Treue brachen, lebendigen Leibes gesteinigt werden. Gänzlich ungerührt von diesem Rückfall in die Hexenverbrennung mittelalterlichen Obskurantismus schwärmen sie weiter von »Quotenregelungen« und »Emanzipation«, als wäre die islamische Frau keine Frau, sondern nur ein Stück Vieh, das man namenlos dem Geschichtsmüll überantworten könne.

Kein Wort dazu. Keine Silbe. Keine Demo. Nichts in einem Land, dessen Kampagneros sich sonst sofort über jeden erhobenen Polizeistock bis zur Unkenntlichkeit erregen. Ich kann Yves Montand nachempfinden, daß ihn diese Schizophrenie aus dem linken Lager trieb.

Die Fotos von den finsteren Gefangenen-Lagern des mittlerweile demokratisch abgewählten Diktators Pinochet – übrigens ein nachahmenswertes Modell für Honecker – tauchten in allen Medien als anklagende Bilder gegen eine autoritäre Diktatur auf – zu Recht. Die Arbeitsstraflager in der DDR dagegen tauchen nirgends auf. Das Frauenzuchthaus Hoheneck in Sachsen spielt für die Bundes-Medien keine Rolle.

Chile ist 15.000 Kilometer weit. Die DDR 100 Kilometer nah.

Die ideologische Schädel-Spaltung der deutschen Linken war für mich immer deren größte Schwäche.

Ich war in Chile und Südafrika. Ich habe dort gut hingesehen und im Gespräch mit Pinochet tausenden(!) politischen Gefangenen aus der Haft geholfen – auch Kommunisten und Sozialisten.

Pinochet und Botha haben verloren und werden weiter verlieren. Ihre Länder werden ohne Invasion fremder Mächte und ohne innere Umstürze zur Demokratie gelangen. Pinochet wurde abgewählt. Botha ist out. Chile und Südafrika sind, ich wette, auf dem Weg zur demokratischen Völkerfamilie.

Aber was ist mit Afghanistan? Warum schweigen die deutschen Medien? Warum?

Meine Antwort: Afghanistan paßt nicht in das Glasnost-Festival. Und – der Linksverkehr im deutschen Mediadrom hat ein manisches Motiv: Es ist der Antiamerikanismus. Das Verschweigen der Verbrechen des Ayatollah hat seinen einzigen Grund darin, daß Khomeini antiamerikanisch war. Khomeini hatte immer einen Anti-Reagan-Rabatt.

Und Moskaus Würgegriff gegen das afghanische Volk fällt unter den Berichterstattungs-Tisch, weil Moskau erstens gegen Amerika ist, und zweitens, weil Moskau Glasnost übt und somit drittens in Afghanistan nicht wahr sein kann, was nicht wahr sein darf.

Das neue Afghanistan wird dennoch eines Tages weltweit anerkannt werden und der ganzen Welt vor Augen führen, was die Rote Armee mit diesem Volk gemacht hat.

Ich kenne heute schon die Namen der Journalisten und die Titel der Blätter, die plötzlich wehklagend tremolieren, daß sie das alles nicht gewußt hätten. Diese Leute, die nichts gewußt haben wollen, haben in der deutschen Geschichte schon immer eine beachtliche Rolle gespielt.

VIII

HORCH, WAS KOMMT VON DRAUSSEN REIN

– Gegen Ausländerhaß, für gerechte
Asylpolitik –

Man nehme eine ordentliche Portion publizistisch längst abgestandenen Asylanten-Eintopfs, reichere denselben mit einer Überdosis telegenen Ausländer-Essigs an und rühre dem Ganzen kräftig jenen Aussiedler-Tabasco unter, der durch gewisse Gazetten und Kanäle geistert – dieses Gebräu hat eine teuflische Wirkung.

Die Köche der Medien-Vergiftung haben immer Rezepturen zur Hand, die in der veröffentlichten Meinung im Lande zuverlässig jene politischen Verdauungsstörungen herbeiführen, die die Hinterlist braucht, um orakeln zu können: »Sehet hin, wie Ausländerhaß die konservative Regierung in Bonn umtreibt« – O-Ton taz.

Der Mix macht's: *Die drei großen A's – Asylanten, Ausländer, Aussiedler – werden solange durcheinandergemischt, bis niemand mehr weiß, was mit Ausländerhaß eigentlich gemeint ist.*

Aber genau diese in die Meinungsmache hingesprühte Infamie, daß Ausländerhaß dieses Land wieder umtreibe, schmissige Neonazis – wenn auch nur als TV-Fiction – aufmarschieren und die »Neue Armut« – eine herrliche Horrorvokabel der Volksverdummung – den Rest der Nation verelende, genau diese Wirkung ist von den Großwesiren des Verwirrungswirbels beabsichtigt.

Auszug aus dem roten Paradies

Absicht Nummer 1 dieser Sinnentstellungs-Strategie ist die Vernebelung der Ursachen.

Danach sollen nicht die schuld sein, die Menschen zur Flucht treiben, sondern jene, die dann Probleme damit haben. Das sind die Tatsachen:

- Auf der Welt gibt es zur Zeit rund 15 Millionen politische Flüchtlinge.
- Über 90 Prozent dieser gigantischen Massenflucht stammen aus Ländern des kommunistisch-marxistischen Herrschaftsbereichs. Die Menschen dieser Welt fliehen nicht vor dem Kapitalismus, sie fliehen vor dem Kommunismus.
- Allein der Einfall Moskaus in Afghanistan zwang fünf Millionen dieses Bergvolkes zum Auszug aus der Heimat.
- Aus Laos, Kambodscha und Vietnam retteten sich zwei Millionen Menschen vor den Exekutions-Kommandos entmenschter KP-Soldateska.
- Fast eine Million floh vor Castros Kuba-Kommunismus.
- Nicht zu vergessen die anonymen Millionen, die unter den Links-Diktatoren in Angola und Äthiopien flohen, ermordet wurden oder auf unerklärliche Weise im schwarzen Kontinent verschwanden.
- Mauer und Absperranlagen der Ostberliner Administration machen ein ganzes Land von freien deutschen Bürgern zu den rechtlosen Insassen eines Zwangsregimes – der Druck der Ausreisewilligen auf Pankow wächst von Jahr zu Jahr.

Zu diesen überbordenden Flüchtlings-Sturzfluten aus dem kommunistisch-totalitären Machtbereich kommen die Flüchtlinge aus rechts-autoritären Staaten hinzu, deren Methoden denen der östlichen Gewalt-Regierungen zum Verwechseln ähneln.

- 80.000 flüchteten aus Pinochets Chile.
- 30.000 aus Südafrikas Apartheid-Anachronismus. Hier gibt es *nichts* zu beschönigen, auch wenn die Flüchtlings-

zahlen aus rechtsautoritären Staaten nur einen Bruchteil der Flüchtlingsströme ausmachen, die aus links-totalitären Staaten fliehen: 80.000 Flüchtlinge aus Chile sind 80.000 Flüchtlinge zuviel und 30.000 Flüchtlinge aus Südafrika sind 30.000 Flüchtlinge zuviel. Hier ist kein Platz für doppelte Moral.

Die deutsche Asyl-Oase

Kein Volk der Welt hat so sehr über sich nachgedacht wie die Deutschen angesichts ihrer unglückseligen Verstrickung in die rassistische Despotie Hitlers.

Diese Besinnung der Nation, auf deutschem Boden nie wieder ein Regime der Rechtlosigkeit und des Rassismus zu ermöglichen, gewann so auch Gestalt im Artikel 16 des Grundgesetzes. Dieser besagt bindend, daß jeder, der politisch verfolgt wird, Asyl in unserem Lande erfährt. Und das bleibt so, ob mit oder ohne Grundgesetzgarantie. *Kein zweites Land garantiert politischen Asylanten einen so individuellen Rechtsanspruch wie die Bundesrepublik.*

Eine solch liberale Öffnung der Republik für die politisch Verfolgten aller Länder öffnet naturgemäß auch den Falschen die Tore, die im Tarnkostüm der Gejagten ins Land reiten. Um Schicksal zu beziffern:

1970 waren es 8.645, die Asyl bei uns begehrten. Damals wurden 57 Prozent der Anträge positiv entschieden.

1988 waren es über 100.000 Asylbewerber. Davon wurden nur 9 Prozent als wirklich Verfolgte anerkannt – eine Zahl, die mehr als alles andere demonstriert, was auch in unser Land strömt: in erster Linie Schein- und Wirtschafts-Asylanten, die die Gunst der Stunde erkannt haben und Artikel 16 nutzen wollen – was aus der Sicht des einzelnen Wirtschaftsasylanten zwar verständlich, aber für ein Land nicht akzeptabel ist, das bis unter den Dachfirst überfüllt ist.

Schon aus diesem Grunde müssen bei uns direkt an der Grenze Entscheidungen getroffen werden, die die Spreu vom Weizen trennen. Das bedeutet:

Die Verwaltungs-Behörden und eine einzige Gerichtsinstanz müssen direkt neben dem Schlagbaum, im 48-Stunden-Takt entscheiden: der ja, der nein. Weitere Rechtsmittel ausgeschlossen. Das klingt hart. Aber das ist die Lösung! Auf den Punkt. Und das ist immer noch weitaus großzügiger als in fast allen demokratischen Staaten dieser Welt!

Das sind die Eckpunkte deutscher Asyl-Politik.:

1. Deutsche Aussiedler aus dem Osten haben bei uns immer einen Platz.
2. Gleiches gilt für wirklich politisch Verfolgte, die allerdings gerechter als bisher auf die Länder der EG verteilt werden sollten.
3. Scheinasylanten müssen bereits an der Grenze erkannt und zurückgewiesen werden.

Unser Grundrecht auf Asyl, das es in keinem anderen Land der Welt gibt, bricht unter dem Asylantendruck in sich zusammen, wenn wir in dieser Frage nicht den Mut zu klaren Regelungen finden.

Rupert Scholz legte am 6. Mai 1989 in einem Leitartikel der Welt klar dar, was Sache ist: Die Verfassungsväter haben den Artikel 16 nicht mit einem ausdrücklichen Gesetzesvorbehalt versehen – und damit für einen rechtlichen Freiraum gesorgt, der ausgefüllt werden muß. Dies gilt um so mehr, als nach Ansicht des Bundesverfassungsgerichts der Begriff des politisch Verfolgten weit auszulegen ist.

Bislang wurde dieses Vakuum von den Gerichten ersatzweise besetzt, denen man es überlassen hat, zwischen echten und falschen Flüchtlingen gleichsam über den Kadi-Daumen zu unterscheiden. Die Konturen waren dabei oft verschieden und zu oft verwaschen.

Richterrecht steht hinter dem Gesetzesrecht. Der Begriff des »politisch Verfolgten« ist als unbestimmter Rechtsbegriff in die Verfassung geraten.

Dieser Begriff muß Umriß gewinnen, zumal das Asylrecht nicht nur ein Freiheitsrecht ist, sondern auch ein soziales Grundrecht, das den Staat verpflichtet, dem Asylanten ein menschenwürdiges Dasein zu garantieren.

Rupert Scholz wies in seiner Welt-Analyse in diesem sozialen Kontext auf einen weiteren brisanten Umstand hin.

»Soziale Grundrechte unterstehen jedoch von vornherein dem sogenannten Maßgabevorbehalt, das heißt, sie finden ihre ebenso logische wie verfassungsimmanente Grenze dort, wo ihre Erfüllung unverhältnismäßige Lasten für die öffentichen Ressourcen mit sich bringt. Das bedeutet, daß vor allem jene Asylanten, die aus Gründen des Lebensstandards hierher streben, durch entsprechende gesetzgeberische Regelungen von der Berufung auf den Asylartikel ausgenommen werden können.«

Das bedeutet: Asylrecht kann nicht ohne Rücksicht auf die Zahl von Asylanten gewährt werden.

Rupert Scholz: »Auch das Asylrecht steht unter dem Vorbehalt sozialer und finanzieller und ökonomischer Einlösbarkeit.«

Man wird diesen Ausführungen kaum widersprechen können. Solange sich keine parlamentarische Zweidrittelmehrheit für eine Grundgesetzänderung findet, sollte der Gesetzgeber daher die verbleibenden Regelungsmöglichkeiten voll ausschöpfen.

Dennoch: Wenn man das Asylantenproblem wirklich lösen will, ohne gleichzeitig zahllosen juristischen Auslegungs- und Angriffsmöglichkeiten Tür und Tor zu öffnen, dann muß Artikel 16 Absatz 2 des Grundgesetzes mit einem glasklaren Gesetzesvorbehalt versehen werden oder notfalls ganz abgeschafft werden.

Dies würde auch die Aufnahme deutscher Aussiedler aus dem Osten erheblich erleichtern, für die es, wie für wirklich politisch Verfolgte, in unserem Land immer einen Platz geben muß. Was das mit Ausländerfeindlichkeit zu tun hat, ist eine Frage, auf die uns jene Medien, die über diesem Land die Piratenflagge des Ausländerhasses hochziehen wollen, bis heute die Antwort schuldig geblieben sind.

Asyl ist das Recht für die Richtigen und nicht das Agitpropwasser auf die Propagandamühlen einer Meinungsindustrie, die den deutschen Bürger in eine Ecke schieben will, die jenen reserviert bleiben soll, die Menschen zur Flucht zwingen und nicht denen, die Flüchtlingen seit vierzig Jahren eine sichere Heimstatt gewähren.

Ich verstehe menschlich jeden Wirtschaftsasylanten, der in Bangladesh oder Indien mit seinen drei Kindern mit harter Arbeit 60 Mark im Monat verdient, während er in der Bundesrepublik Deutschland mit allem Drum und Dran über 2.500 Mark Sozialhilfe erhält. Welchem Familienvater kann man vorwerfen, daß er diese Chance für sich und seine Familie nutzt? Mein Vorwurf richtet sich daher nicht gegen die Wirtschaftsasylanten. Mein Vorwurf richtet sich gegen jene Politiker, die nicht die Zivilcourage haben, dieses Problem sachgemäß zu lösen, nur weil sie fürchten, der linke Zeitgeist könnte ihnen wieder einmal ins Gesicht blasen.

IX

ZWISCHEN WAHN UND WACKERSDORF

– Energie: Geschäftsgrundlage der
menschlichen Existenz –

An der Energie scheiden sich die Geister. Nicht nur bei uns – der Riß geht durch die ganze Welt. Die eine Hälfte setzt auf Kernenergie. Die andere ist dagegen – favorisiert Sonne, Wind und Wasser.

Zwischen beiden Energie-Polen Niemandsland – Spielwiese der Phantasten, die die Welt durch Energiesparen wenden wollen. Wollen Sie?

Kein Wort gegen Energiesparen. Die Parole ist gut und griffig. Sie trifft. Jeder nickt. »Jawohl! Energie muß gespart werden.« Wir dürfen die Welt nicht ausplündern. Wohlstand und Wachstum haben Grenzen. Alles okay.

Jeder nickt. Nur niemand spart. Am wenigsten jene, die den energiepolitischen Benefiz stiften, aber nicht bereit sind, auch nur auf eine Steckdose zu verzichten.

Die praktizierte Doppelmoral der Energie-Sparer ist keine böse Absicht, sondern ein herziger Irrtum. Alle wollen das Beste. Vor allem für sich selbst. Und das ist immer und zu allererst mit einem massiven Mehr an Energie verbunden: Heute und hier, am Ende des 20. Jahrhunderts kostet auch das kleinste Stückchen Eis in einer Cola Strom.

Und das ist kein Deut anders im nächsten Jahrhundert, das wir den kommenden Generationen nicht als energiepolitischen Blackout hinterlassen dürfen.

Energie ist die Geschäftsgrundlage unserer Existenz. Energie ist vor allem die Basis guten Lebens, auf das keiner verzichten will und das allen Menschen zusteht – auch denen in der Dritten Welt.

Energie ist nicht unser Privileg, sondern – und das ist die Moral – sie steht uneingeschränkt allen Menschen zu.

Die Not in der Dritten Welt und das unbeschreibliche Elend in den Ländern der Vierten Welt kann nicht gemildert

werden, wenn im Wohlstandswesten die Steckdosen zuge-
klebt werden. Keine einzige gesparte Kilowattstunde hier
macht dort einen Hungernden satt.

Im Gegenteil: *Ohne Energie ist das millionenfache Elend
in den Ländern der Dritten und Vierten Welt nicht lösbar.*

Die Leerformeln des frommen Wunsches

Professor Klaus Knizia, Vorstandsvorsitzender der Vereinigten Elektrizitätswerke Westfalen (VEW), vertritt die
Auffassung, daß das Risiko, welches der friedlichen Nutzung der Kernenergie unterstellt wird – selbst dann, wenn es
dieses Risiko in der angenommenen Form gäbe – hingenom-
men werden müsse, gemessen an den Risiken, die allein mit
Hilfe der Kernenergie verhindert werden könnten: Hun-
gersnöte, Entwaldung, Klimaveränderung.

Erich Wiedemann argumentiert in seinem Buch »Die
deutschen Ängste«: »Alle wichtigen internationalen Kör-
perschaften, die mit Entwicklungshilfe befaßt sind, forcie-
ren einen energischen Ausbau des Kernenergie-Potentials
in der Dritten Welt zur Existenzsicherung kommender Generationen. Die Vorteile sind gegenwärtig. In Bangladesch,
wo nur 3000 von 60.000 Dörfern Strom haben, könnten ein
paar AKWs vom Brockdorf-Kaliber in relativ kurzer Zeit
das tiefe Elend von Millionen beenden.« (a.a.O. S. 158)

Professor Wolfgang Stoll weist darauf hin, daß die ge-
wohnten Lebensumstände – von denen niemand abrückt! –
heute bei uns einen Energieeinsatz von umgerechnet fünf
bis zehn Tonnen Steinkohle pro Jahr und Kopf verlangen.

Stoll: »Der ohne Kernenergie erreichbare Weltdurch-
schnitt liegt heute unter 2,5 Tonnen.« (»Kirche und Kernenergie«, Frankfurt am Main 1986)

Hier – und nirgends anders – liegt das Problem. Energie
muß her. Professor Stoll, der seine Erfahrungen als Mitglied

der Enquete-Kommission »Zukünftige Kernenergiepolitik« des Deutschen Bundestages einbrachte, konzentrierte in einem Satz die geballte Brisanz der energiepolitischen Tatsachenwelt, die darin besteht, daß eine Lösung der Probleme der Dritten Welt ohne eine Steigerung des Energiepotentials nicht möglich ist:

»Wollten wir nur das heutige Elend in der Welt nicht vermehren, so müßten wir nach der Verdoppelung der Menschheit (in 33 Jahren) alle fast auf die Hälfte dessen, was wir besitzen, verzichten.« – Oder so herum gesagt: Selbst wenn wir unseren eigenen Energiebedarf auf den heutigen Stand einfrieren würden – was wir nicht können – würde sich das Elend der Dritten Welt alle 10 bis 20 Jahre verdoppeln.

Für Verzicht aber wird es nirgendwo auf der Welt eine Mehrheit geben. Askese, Verzicht und Sparsamkeit oder die Predigt von einem einfacheren Leben weg vom mehr Haben zum mehr Sein sind phantastische Leerformeln des frommen Wunsches, den alle lauthals bejahen, aber selbst nie einhalten.

Der Schlachtruf »Zurück zur Natur« à la Rousseau klingt gut und bewegt die Gemüter zu allen Zeiten, wenn man das eine Mal im Mai, wenn die Sonne das erste Mal richtig scheint, zum Waldspaziergang aufbricht.

Aber danach wendet sich der ganze gute Wille wieder der Steckdose zu, aus welcher der höchst bequeme Strom kommt. Wald und Wild, Rousseau und Rasen – vergessen.

Endzeit-Horror – Endzeit-Lager

»Wir werden diesen Planeten nuklear verseuchen. In den Endlagerungsstätten tickt der radioaktive Plutoniumtod.« Dieses nukleare Aggressionsszenario übersieht konsequent eines:

Das wirkliche Elend der Welt wird nicht durch ein Zuviel an Energie verursacht, sondern durch ein Zuwenig.

Die negativste Größe der Weltnotrechnung ist der Mangel an ausreichender und preiswürdiger Energie.

Die Denunziation vor allem nuklearer Energiegewinnung als »tödlicher Eingriff in die Natur« verschweigt, daß im zweiten Schöpfungsbericht der ursprüngliche Lebensraum des Menschen als dessen Garten beschrieben ist, den er zu bebauen und zu behüten habe.

Der ordnende Eingriff des Menschen, das Bebauen seiner natürlichen Umwelt und das verantwortungsbewußte Gewinnen von Energie aus ihr ist vor allem ein Beitrag zur Sicherung menschlicher Existenz auch und zunächst vor allem gegen die Unbilden der Natur.

Zur Existenzsicherung zählt vor allem anderen, die Welt den nachfolgenden Generationen in einem Zustand zu hinterlassen, der ihnen ein lebenswertes Weiterleben ermöglicht.

Dies bedeutet die Bereitstellung, so Stoll, »der Rohstoffe, Technologie und Wirtschaftskraft für mindestens *10 Milliarden* Menschen.« Gelingt das nicht, so wird ein großer Teil der Menschheit unvermeidlich dem Energietod ausgeliefert. Stoll: »Ein echtes Zurück zur Natur« gäbe es nur für die Gleichgewichtsmenge der Menschen – das sind *10 Millionen.*« Und keiner mehr. Aber das bedeutet: Leben auf primitivster, praktisch energieloser Ebene, gequält von Krankheiten, von frühem Tod heimgesucht und gnadenlos einer feindlichen Umwelt ausgeliefert, die uns eine ganze Partei als Allheilmittel aufzuschwatzen droht.

Wenn sich die Antikernkraft-Fanatiker alle Zähne an den harten Facts der Tatsachenwelt ausgebissen haben, strapazieren sie als letztes Trauma die Endlagerung. Gleich wo wir die abgebrannten Brennstäbe hinbringen und den radioaktiven Müll auch verscharren mögen: Für die nuklearen Katastrophenstaubsauger strahlt das Böse weiter und könnte eines Tages aus den Gräbern auferstehen und uns ein strahlendes Finale bereiten.

Der Endzeit-Horror ist so überzogen wie wirksam, weil er

nicht erklärt werden muß. Atomstrahlen ziehen immer. Man sieht sie nicht, deswegen sind sie so gefährlich. Dagegen Professor Stoll:

»Alle Stoffe, die aus dem Reaktor entladen werden, sind nach überschaubaren Lagerzeiten genau so harmlos wie die chemischen Elemente, die uns täglich umgeben...Die aus den Rückständen der Wiederaufarbeitung zu beseitigenden Reste (Atommüll, besser Spaltprodukte genannt), sind nach etwa 600 bis 1.000 Jahren bis auf das Strahlenniveau eines natürlichen Uranerzes zerfallen und damit harmlos.« Die Angstmache mit Plutonium und dessen Halbwertzeit (24.000 Jahre) rechnete natürlich mit der Unwissenheit der zu Ängstigenden. Daher sollte man wenigstens das Folgende wissen: Wir leben auf einem Planeten, der sein Leben dem Kernkraftwerk Sonne verdankt und der seit Jahrtausenden randvoll mit Radioaktivität ist.

Die Erde enthält insgesamt zwischen 10.000 und 100.000 Milliarden Tonnen Uran mit einer Halbwertzeit von 4,2 Milliarden Jahren und circa 10 Millionen Tonnen Radium mit 1.300 Jahren Halbwertzeit. Und? Wir leben bestens auf diesem Planeten, wenn ihn die Aus- und Umsteiger nicht der Dreckschleuder Kohle ausliefern.

Daher gibt es auch beim Plutonium, so Stoll, keinen »vorstellbaren Mechanismus außer mutwilliger menschlicher Einwirkung«, der es aus der sicheren Lagerung in die Biosphäre zurückbrächte.

Wer aber wollte die Menschheit auf diese äußerst umständliche, zeitraubende und aufwendige Art umbringen wollen außer einem Science-Fiction-Autor, dem die Phantasie durchgeht oder jenen politischen Pianisten der Panik, denen kein Furiosum zu abwegig ist, als daß sie es publizistisch nicht zu strapazieren gedächten.

Deswegen ist der Exodus der Energiewirtschaft aus Wakkersdorf keine Angst vor dem Risiko der Endlagerung, sondern Angst vor dem Risiko Bonn. Der Entschluß der VEBA, aus dem Projekt Wackersdorf auszusteigen und die Lagerung der Spaltprodukte ins französische La Hague zu verlegen, ist, so fürchte ich, nicht nur eine wirtschaftliche

Entscheidung, weil Frankreich das preiswertere Wiederauf-
arbeitungs-Angebot gemacht hat. Dies auch.

Nur steckt dahinter wahrscheinlich die Erwägung der Manager der deutschen Energiewirtschaft, daß 1991 in Bonn
eine rotgrüne, eine rot-grün-gelbe Regierung oder eine
Große Koalition antreten könnte, mit der dann ein Projekt
Wackersdorf nicht mehr zu realisieren wäre. Ich meine, daß
die VEBA hier eine sehr bemerkenswerte politische Vor-
sorge-Entscheidung getroffen hat, die von der Wirtschaft
auch so verstanden und in Bonn zu Recht mit einer gewissen
peinlichen Betretenheit zur Kenntnis genommen wurde.

Die Manager des deutschen Atomstroms wollen keine
Investitionen in die parteipolitischen Schwankungen und
Unwägbarkeiten von morgen.

Spiegel-Salat à la carte

Die Kluft zwischen Medien und Kernenergie – ein bundes-
deutsches Phänomen, das in anderen Industriestaaten in
West und Ost unbekannt ist – ist geisteswissenschaftlich wie
ideologisch vorprogrammiert. Das entstandene Informa-
tions-Defizit hat Ursachen:
1. In der Geschichte der deutschen Geisteswissenschaften
   hatte zu allen Zeiten konservative Zivilisationskritik
   Vorfahrt, schon um neidvoll die Erfolge der Naturwissen-
   schaft zu konterkarieren, vor allem aber um die »geistigen und kulturellen Werte vor bloß rationell-technischem
   Fortschritt zu bewahren.« (Spengler) Technophobie und
   Zivilisationskritik sind die beiden Säulen deutscher Geisteswissenschaft. Sie kultivieren den Untergangskult als
   Faszinosum des Metaphysischen. Dies ist der *konservative* Quell der grassierenden Kernenergie-Ängste.
2. Der *ideologische* Vorbehalt wider die Kernenergie
   stammt aus der weltanschaulichen Ecke von Marxoma-

nen und Ökologen, die sich nicht zufällig am »Atompunkt« mit der konservativen Zivilisationskritik in These und Trend treffen. Beide, Geisteswissenschaft wie Ideologie, verkürzen ihre Gegnerschaft zur Kernenergie auf eine Irrationale von Horror und Hiob, die nicht ernsthaft diskutiert, sondern in einer emotionell aufgebauten und systemvoll ferngelenkten Gefolgstreue nachempfunden und einfach geglaubt werden sollen. Dies wird medientechnisch erreicht durch die psychologische Instrumentalisierung diffuser Katastrophen-Szenarien.
3. Während die ökologisch bewegten Ideologen, um die sich Teile der Grünen gruppieren, eher auf der, wenn auch primitivistischen Linie der Technophobie traditioneller Geisteswissenschaften liegen (in extremen Fällen bis hin zur Blut- und Boden-Ideologie des NS-Systems), geht es bei der Kernenergie-Gegnerschaft der Marxisten allein um politische Strategie: Kernenergie in der UdSSR wird gutgeheißen, weil sie dem menschheitsverbessernden Ur-Zweck, nämlich der Endlösung des Kommunismus diene.

Kernenergie im spätkapitalistischen Westdeutschland hingegen ist von Übel, weil sie hier der Profitmaximierung des Großkapitals und revanchistischen Kräften der Reaktion diene. Salopp gesagt: Am besten wäre es aus dieser Sicht, wenn die marxomanisch gesteuerte Anti-Atom-Bewegung gleichsam mit Unterstützung von SPD und Grünen den bundesweiten Ausstieg aus der Kernenergie durchsetzt, damit Bonn roten Atomstrom aus der Sowjetunion kaufen muß.

Mittlerweile ist diese Richtung allerdings brotlos geworden, weil die Moskowiter Auftraggeber diesen energiepolitischen Wunsch-Kolonialismus ausgeträumt haben und wissen, daß sie die Anti-Atomgeister, die sie im Westen riefen, nun plötzlich nicht mal mehr zwischen Minsk und Wladiwostok bannen können.

Da Gorbatschow stets ohne jede Einschränkung zu 100 Prozent auf Kernenergie baute und weiterhin baut, erfordert dies von ihm den Ausstieg aus allen Anti-Kernkraft-

Kampagnen, zumal er das Knowhow der deutschen Kernkraftbauer nach Tschernobyl braucht.

Anders gesagt: Aus der Anti-Atom-Front fallen zumindest zur Zeit die Kommunisten und ihre Gefolgschaft heraus. Bleiben die Grünen, Teile der Sozialdemokratie und die Medien. Die Medien sind für die horrorwirksamen Depressionsschübe, die von der Anti-Atom-Front ins Publikum gepumpt werden müssen, prädisponiert. Denn: Nur schlechte Nachrichten sind gute Nachrichten.

Tschernobyl war für Boulevardblätter wie für Edelblätter und elektronische Medien, denen es allen vor allem um verkaufte Stücke und hohe Einschaltquoten geht, nur die Hälfte wert, solange Tschernobyl als ein exotisch ferngelegener Ort irgendwo zwischen Kiew und Moskau in der russischen Steppe »gehandelt« wurde.

Um einen hautnahen, verkaufbaren Medien-Bezug herzustellen, mußte Tschernobyl mit Überschriften und Stories systematisch an den Rhein verlegt werden. Da liegt es offenbar auch heute noch. »Tschernobyl ist überall« war die meistzitierte Zeile nach dem Desaster.

Obschon zu keiner Zeit für die Bundesrepublik Deutschland irgendeine ernsthafte Gefährdung bestand, quollen Zeitungen und Sender über vor Radioaktivitäten mit organisierten Schwermuts-Werten a la Becquerel, Sievert & Curie. Drei Schlagzeilen für 10.000: »Mongolismus durch Tschernobyl« (Die Zeit) »Tschernobyl meßbar am Menschen – hier« (Süddeutsche Zeitung) »Bis zu 600 Krebskranke durch Tschernobyl in Hamburg« (Frankfurter Rundschau)

Alle drei Meldungen waren wie die meisten der 10.000 Tschernobyl-Schlagzeilen falsch. Aber, und darum geht es: Sie wurden nie berichtigt. Die beiden Flagschiffe des deutschen Printjournalismus, der Spiegel und auch BILD wirkten dabei mit.

BILD stellte den Bezug Tschernobyls zur Bundesrepublik durch die Sensationszeile her: »30.000 Tote?«

Dem Spiegel gelang es noch raffinierter, die Ängste zu instrumentalisieren: Im einem Interview sagte Professor Jakoby, Direktor des Strahleninstituts der Max-Planck-Gesellschaft, daß nie eine radioaktive Gefahr in der Bundesrepublik durch Tschernobyl bestanden habe.

Der Spiegel relativierte den Aussagewert des Professors mit der Feststellung, daß der Strahlenforscher in seiner Kantine keinen Salat aß. Jakoby nach der Spiegel-Story: »Ich esse nie Salat.« Nur: Dieses Dementi druckte und sendete niemand.

Die Tschernobylisierung in Funk und Fernsehen ging weiter. Die 33 Radioprogramme der ARD überfluteten den Zuhörer mit Hiobs-Botschaften. In TV-Magazinen wie Report Baden-Baden, Panorama und Monitor wurde das Super-Gau-Inferno in allen Farben ausgemalt. Dieser Orkan des entfesselten Medien-Orkus wurde nur noch von der Sprachlosigkeit der Kernkraft-Branche übertroffen.

Die Kluft zwischen Medien und Kernenergie wirkte sich verheerend aus. In ihr verkörperte sich auch der Abstand zwischen Medien und Wirtschaft überhaupt.

Die Wirtschaft, nach 1945 der Motor des Wiederaufbaus, schaut seit Jahrzehnten ebeso verwundert wie abgestoßen auf die Häme, mit der etwa Spiegel und Stern nahezu jeden Fortschritt beim Aufbau dieser Republik kommentieren.

Die Reaktion der deutschen Industrie auf die Wirtschaftsfeindlichkeit der Linkspresse bestand und besteht damals wie heute darin, die Medien links liegen zu lassen – eine fundamental falsche Strategie, die der deutschen Wirtschaft und unserer Demokratie eines Tages teuer zu stehen kommen wird.

Denn die Desinformation hat dadurch nur noch zugenommen und damit die Gefahr politischer Abenteuer, die eines Tages niemand mehr bezahlen kann.

Die Sonne von Morgen

Eine Politik, die aus rationalem Grund die Kernenergie ins Zentrum ihrer Überlegungen für die Zukunft stellt, ist nach wie vor richtig beraten.

Aber ebenso richtig und wichtig ist es, alle anderen Energieformen außer den fossilen Brennstoffen, die langfristig keine Schlüsselrolle mehr spielen dürfen, zu beobachten und zu fördern, wann immer es Wissenschaft, Wirtschaft und Technik für richtig befinden.

So wird die Aufmerksamkeit der Entwicklung der Solarenergie gelten müssen. Hier könnte es – so zahlreiche Stimmen aus Wissenschaft und Technik – in den nächsten Jahrzehnten zu tiefgreifenden, wirtschaftlich realistischen und von allen Entsorgungskosten und Lagerungsrisiken befreiten Nutzungsmethoden kommen. Nur: Solange dies die Sonne von morgen ist, muß heute auf dem aufgebaut werden, was realistisch und greifbar ist – auf Kernenergie. Aber wie auch immer, ich wiederhole es:

Bei allen unseren energiepolitischen Überlegungen für die Zukunft darf eine Energieform langfristig keine Schlüsselrolle mehr spielen: die Kohle. Die Kohle hat als beliebig verheizbarer Energieträger ausgespielt, denn was an Kohle noch vorhanden sein wird, ist für die Pharmazie ein kostbarer Rohstoff, für unsere Umwelt, die wir schützen müssen, jedoch eine tödliche Gefahr. Sie darf nicht als Dreckstoff unsere Atmosphäre weiter verschmutzen und das Weltklima anheizen.

Und noch eins: Wenn die Weltbevölkerung tatsächlich – was nicht bewiesen ist, aber vermutet wird – auf knappp sieben Milliarden anwächst und gleichzeitig deren wachsender Energiebedarf durch Verbrennung fossiler Rohstoffe gedeckt wird und dadurch die Atmosphäre um drei Grad – statt wie bisher vermutet um 1 Grad – ansteigt, dann sind SPD und Grüne zu fragen, was sie dem Wähler denn dann mit ihren Umstiegs- und Ausstiegs-Phantasien einreden wollen: Den Exitus des Planeten wollen sie nicht. Das glauben wir uneingeschränkt, weil die Kameraden vom anderen Ufer genau so gern leben wie wir.

Aber etwas anderes käme bei dem Verzicht auf Kernenergie nicht heraus – plus der sichere Energietod von 5 Milliarden Menschen, die in 100 Jahren ohne Strom aus Kernenergie nicht mehr mit der für das Lebensminimum nötigen Energie versorgt werden können.«

Aus der FAZ

X

ZURÜCK IN DIE ZUKUNFT

– Ansichten zu Aussichten –

Meinungsführerschaft«... Wie oft hat Heiner Geißler diesen Anspruch für die CDU schon angemeldet? Eingelöst hat er ihn nie. Die CDU hat in allen wichtigen Bereichen der deutschen Politik in dramatischer Weise die Meinungsführerschaft verloren. Weil sie den Leuten nichts mehr sagt. Weil sie dem Zeitgeist hinterher hastet. Weil sie der Bevölkerung nicht mehr sagt, wo es lang geht!

Von wegen »Meinungsführerschaft«. Johann Georg Reißmüller seufzte am 19. Mai 1989 allen vernehmbar in der Frankfurter Allgemeinen, daß die CDU nicht nur ihre Führungsrolle verloren habe, sondern darüber hinaus dabei sei, ihre Seele zu verkaufen. Wörtlich: »... zu dem permanenten Wahlelend dieser Partei hat viel beigetragen, daß sie ihr eigenes Bild beschädigte. Davon will der Generalsekretär nichts hören. Das Eingeständnis zum Beispiel, die CDU habe in der Einwanderungspolitik Fehler gemacht, muß man ihm beinahe abpressen. Zu der verdünnten Deutsch-

»Saugen wir sie auf oder fegen wir sie weg?«   Aus der tz

landpolitik, deren wichtigster Urheber er war, sagt Geißler gar nichts. Statt dessen redet er lang über die Republikaner.« Man muß hinzufügen: Obwohl es die Republikaner nur seinetwegen gibt.

Schwatzhubereien

So ist es. Und deshalb sind sie ihm peinlich. Am liebsten nenne er sie »die REPs«. Das macht die Funktionäre von Rechtsaußen jedoch nur noch populärer, wenn man ihnen ein solch zugkräftiges Kürzel in die Medienwiege legt.

Mitte Mai 1989 setzte Geißler die Formel in die Welt, daß die Gefahr von Rotgrün komme. Recht hat er! Aber zu einfach machte er es sich mit dem darauffolgenden Satz – zumindest für die Vergangenheit: »Die rotgrünen Koalitionen machten die Republikaner stark.«

Also, rotgrüne Koalitionen mögen ja alles mögliche anstellen, aber die Republikaner haben sie weder erfunden noch stark gemacht. Dies tat die CDU-Führung unter ihrem Generalsekretär ganz allein. Heiner Geißler gebührt die alleinige und uneingeschränkte Urheberschaft für den Aufschwung der Republikaner.

Geißlers Zeitgeist jagte linken Phantom-Stimmen nach und verlor damit konservative Realwähler in Scharen an die Republikaner. Und dadurch erhielt Berlin eine rotgrüne Mehrheit. Und nicht durch die Republikaner! So herum wird ein Schuh draus: Die falsche Strategie des CDU-Generalsekretärs, seine Strategie der Öffnung nach links, erwies sich als die entscheidende Stärkung der Republikaner.

Ob die rotgrünen Koalitionen in Berlin und Frankfurt die Republikaner in Zukunft weiter stärken werden, steht auf einem ganz anderen Blatt. Es könnte sehr wohl so kommen, wenn man an die rotgrünen Krawalle in Kreuzberg denkt.

Darüber zu lamentieren macht allerdings wenig Sinn, weil

CDU und Konservative sich nicht nur den Kopf über die Phantasmo-Strategien der Rotgrünen zerbrechen sollten, sondern endlich auch wieder darüber, welche Politik sie ihrem eigenen Wählerpotential im Interesse Deutschlands präsentieren müssen.

Wenn die CDU-Führung das wieder mit Zivilcourage tut, dann ziehen nicht Schönhubers Agitpropbienen den Polit-honig aus den rotgrünen Krawallen, sondern dann würde dem Bürger klar, daß gegen die Randale nur eine starke CDU hilft, während die Republikaner auf den Demobrän-den linker Randalierer nur ihr parteipolitisches Süppchen kochen wollen.

Nur: Was der Union total abhanden kam, ist klare geistige Führung, ist Linie. Klare Linie, was ist das?

Klare Linie heißt vor allem, seinen Leitgedanken treu zu bleiben und diese nicht dem politischen Tagesgeschäft opportunistisch anzupassen oder ganz aufzugeben. Ich habe im zweiten Kapitel diese Leitmotive der CDU an 10 Thesen festgemacht. Diese zusammen ergeben:

Die REPs haben keine Chance, wenn wir unsere Leitmotive mit Entschlossenheit und Konsequenz praktizieren.

Nur: Die CDU tut dies nicht. In nahezu allen Fragen ist sie knieweich geworden, bis zur Unkenntlichkeit angepaßt oder im Selbstaufgeben unübertreffbar.

Deswegen auch das laute Gerede darüber, daß man mit den Republikanern keine Koalition eingehen werde, daß General Geißler höchstpersönlich jeden Ortsverband der CDU aus derselben katapultieren werde, wenn dieser sich unterstehen sollten, mit den REPs zu kungeln. Drohungen bewirken oft nur das trotzige Gegenteil. Bekundungen, mit den REPs werde man nie was am Hute haben, klingen hohl, wenn die klaren politischen Inhalte fehlen.

Es ist auch völlig falsch, die REPs in die NS-Ecke zu schieben. Kein Geringerer als Erich Böhme, Chefredakteur des Spiegel, sagte zu den Republikanern immerhin in der Hausmitteilung des Magazins auf Seite drei den folgenden Satz, der gewissen Eiferern Nachdenklichkeit stiften sollte: »Schönhubers Partei ist demokratisch legitimiert; ein Widerstand gegen sie muß den demokratischen Spielregeln folgen.« (Spiegel, 6.2.1989)

Dem progressiven Konservatismus im Lande, der in der Tat keine Kontakte zu den REPs sucht, sondern versucht, sie durch eine überzeugende Politik überflüssig zu machen, kommt nicht die Denunziation der Republikaner zugute, sondern allein die Klarheit und Festigkeit der eigenen Position. Die Ziele der CDU sichtbar zu machen und den Leuten nahezubringen, sie davon zu überzegen, das ist die Form der Auseinandersetzung mit den Parolen der Rechtsdrifter.

Allein die inhaltlich überzeugende These zerstört den Republikanern die polemische Grundlage, macht deren Demagogie fleischlos und den Wähler hellhörig für das, was die CDU ihm zu bieten hat. *Und die CDU hat viel zu bieten. Sie hat dies in den vergangenen Jahren und Jahrzehnten immer wieder bewiesen. Die Substanz der CDU ist um ein vielfaches besser, als dies im Sommer 1989 fast alle glauben.*

Nur muß die CDU sich endlich wieder zu ihrer eigenen Substanz, zu ihrer eigenen Identität bekennen. Dann wird sie in der Meinung der Bürger auch wieder führend werden.

Der vordergründige Clinch, den sich Heiner Geißler mit den REPs leistet, ernährt nur deren Mitgliederbestand, so wie » bloße Demonstrationen und Parolen als Reklame für die Republikaner wirken« (Süddeutsche Zeitung, 20.5.1989, »Ihre Gegner bringen den Republikanern Zulauf«). Die Prozesse und einstweiligen Verfügungen, mit denen REP-Chef Schönhuber seiner Partei die Auftrittsmöglichkeit in den großen Hallen erkämpfen muß, die den Republikanern gegen alle demokratische Spielregeln verweigert werden, ersparen seiner Partei eine eigene Propaganda-Abteilung.

Was Schönhuber und sein Generalsekretär Neubauer in griffigen Gemeinplätzen in die Medien transportieren, erweist sich als gewiefter Slogan-Slapstick nach US-Manier, der vor allem – was Wickert jüngst nachwies – bei jungen Leuten verfängt.

Auch dies gehört zu den essentiellen Erkenntnissen über die Republikaner:

Sie sind keine braunen Erbschleicher der ewig vorgestrigen Alte-Kameraden-Partei von NPDs Gnaden, sondern – so schlimm das für uns ist – ein Verein vorwiegend junger Leute, denen inmitten des grassierenden Rechtsbruchs nach Art der Hafenstraße oder Made in Kreuzberg das Law-and-Order-Programm der REPs gefällt.

Schönhuber ist ein mit allen Medienwassern gewaschener Publizist, der auf der Meinungsklaviatur seine PR-Partie mit gefährlicher Bravour und Perfektion herunterklimpert. Wer Schönhuber unterschätzt, dient ihm.

Das auf 15 Seiten vorliegende »Programm der Republikaner« erweist sich keineswegs als »Fahrplan des Faschismus« (taz), sondern fußt demonstrativ auf dem demokratischen Parlamentarismus – gewiß oft in der verschroben aufgeschäumten Rattenfänger-Phraseologie von Leuten, die auf Stimmenfang aus sind.

Das republikanische Erweckungspathos und die moralindurchtränkte Sittenwacht-Attitüde kann allerdings nicht davon ablenken, daß die REPs per saldo nichts Originäres zur deutschen Politik anzubieten haben.

Die Schwäche des Programms der Republikaner ist jedoch zugleich seine Stärke: Es sagt nichts aus und kann damit zu allem möglichen gebraucht werden, ohne jemandem das Geringste zu nutzen.

Da sich alles in üblichem Programmchinesisch und Parteiblabla verliert, muß auch nichts näher begründet werden. Das Programm der Republikaner entpuppt sich bei näherem Hinsehen als politisches Altpropagandamaterial, das ebenso geschickt wie demagogisch aufgearbeitet wurde.

Worauf es also ankommt, ist: Die Republikaner nicht weiter herbeireden, sondern sie durch Fakten auspunkten.

Es kann sein, daß die von der IG Metall angekündigte Aufklärungs-Kampagne gegen den Rechtsextremismus gut ist, wenn sie wirklich neonazistische Gruppierungen und Trends anprangert. Ich fürchte jedoch, daß diese Kampagne die Republikaner gleich mit in den braunen Topf wirft und damit nur die Public Relations Schönhubers betreibt.

Ami, Good Night – Guten Morgen, Gorbi!

Die Lage zur Linken sieht da schon anders und ernstzuneh-
mender aus.

Denn: *Wenn Rotgrün nach Bonn kommt, geht die Demokratie.*

Es gehört wenig Phantasie dazu, sich auszumalen, was
anders würde. Beispiele:

1. *Wirtschaft:* Die öko-unlogischen Doktrinen der Grünen
   und die marxomanischen Opamaximen der SPD vom
   Profitkapitalismus werden die Privatwirtschaft der Bundesrepublik Deutschland ins wirtschaftsfreundlichere
   Ausland treiben. Die Arbeitslosigkeit wird dramatisch
   ansteigen.
2. *Soziales:* Das soziale Netz wird nicht mehr finanzierbar
   sein. Den Wählern der Ökosozialisten werden die Augen
   übergehen.
3. *Kultur:* Die öffentliche Bewußtseins- und Geschmacks-
   lage wird durch ein makabres Doppelspiel bewältigt: Die
   Bürger werden in eine nicht erlebte Vergangenheit zu-
   rückgeschickt und gleichzeitig auf ein rosarotes Übermorgen vertröstet, das nie erreicht wird, um eines zu
   erreichen: Die Vertreibung des Bürgers aus dem aktuellen Jetzt und Heute. Denn da braucht man ihn nicht, weil
   er stutzen könnte. Ideologen wollen allein sein, wenn sie
   Unfug treiben.
4. *Schule:* Durch Gesamtschulen wird der dringend nötigen
   Elitebildung einer wettbewerbsbezogenen Leistungsgesellschaft entgegengesteuert. Vermassung wird belohnt,
   Elite bestraft. Gleichmacherischen Tendenzen wird Tür
   und Tor geöffnet sein, um die ohnehin viel zu spärlichen
   Elite-Ansätze a priori in der veröffentlichten Meinung
   auf jenes Mittelmaß zurückzustutzen, das weltweit nicht
   wettbewerbsfähig ist. Die längst überfällige Intensivie-
   rung der Forschung zur Früherkennung begabter Kinder,
   die Förderung der Begabungen in und außerhalb der
   Schulen, der Aufbau von Elite-Universitäten, aber auch

die Früherkennung von Sport-Eliten, wird auf der Strecke bleiben.

Sozialistische Kollektive brauchen keine Individuen, sondern vorgestanzte Einheitsmeinungen.

5. *Medien:* Die öffentlich-rechtlichen Sender werden durch Bestands-Garantien festgeschrieben. Die Doppelfinanzierung durch Gebühren und Werbung bei ARD und ZDF wird verewigt, während die privaten Anbieter durch ein Netzwerk von Verordnungen, Gesetzen und Bestimmungen an der weiteren Entwicklung gehindert werden.

Die verordnete Einheitsmeinung, die sekundiert von den IG-Medien rotgrüne Staatsziele bedingungslos anpreist, wird die Pressefreiheit zunehmend einschränken.

6. *Außen- und Sicherheitspolitik:* Ein rotgrünes Bonn wird sich aus der Nato zurückziehen und die Bundesrepublik für Moskau disponibel machen. Rotgrün in Bonn heißt: Goodnight USA – Guten Morgen Gorbi – oder was immer nach Gorbatschow kommen mag. Der dünnblütige Günter Gaus, immer gut für das, was links als Trend zu ticken beginnt, vertraute am 12. Mai diese Richtung der Zeit an: »Die Kreml-Führung sucht die Architektur des gemeinsamen Hauses Europa«. Ein rotgrünes Bonn wäre der ideale Bauhelfer beim Aufbau Sowjeteuropas.

Und Günter Gaus erster Preuße unter lauter Reußen.

Kein schöner Land

Nihilisten, die klassischen Allesverneiner, bauen ihre erschlagende Logik auf dem Fehlschluß auf, daß alles zu verneinen ist – bis eben auf ihren Nihilismus. Den bejahen sie – Spitzenleistung des gedanklichen Kurzschlusses.

Dieser Nihilismus ist die Grundstimmung, die von professionellen Pessimismus-Pastoren bis zu straff linksgewirkten Literaten systematisch verbreitet wird. Horrormedien und grüne Katastrophenstaubsauger, die die Welt im allgemeinen und die Bundesrepublik im besonderen am Ende sehen und sie so beschreiben, als sei alles endgültig vorbei, sind die Mühlen, in denen jede Hoffnung bis zur Unkenntlichkeit zermahlen wird.

Daß der ewig herbeigeredete Weltuntergang nie stattgefunden hat, ist für sie nur der schlagendste Beweis dafür, daß er dann eben unmittelbar bevorsteht – sonst hätte er ja schon stattgefunden.

Eine Glanzparade des Blackouts. Die Strategie dieses absoluten Verneinens allen Sinns außer des eigenen Unsinns beruht auf dem pseudointellektuellen Nonstop-Nonsens, daß alles, was ein Ende hat, des Anfangs nicht lohnt.

Natürlich stirbt alles, weil alles sterblich ist. Nur hebt diese Erkenntnis nicht die Tatsache auf, daß alles lebt, solange es nicht gestorben ist.

Die Schwarzmalerei verfährt nach dem Rezept: Hoffnung ist out. Endzeit angesagt. Von Günter Grass bis Robert Jungk sehen Anbeter des Untergangs auch so gallig und zerfurcht aus, als ob ihnen die Gesamtweltlage die Stimmung gründlich durchsäuert habe und es ihre erste Bürgerpflicht sei, auch dem Rest der Nation die Laune zu verderben. Erich Wiedemann beschreibt diese Gefühlslage im Lande in seinem Report:

»Zum ersten Mal leben Deutsche in leidlich freiheitlich-demokratischen Verhältnissen, in der beinahe besten aller machbaren – nicht denkbaren – Ordnungen, mit ständig steigender Lebenserwartung und stabilem Lebensstandard, seit über vierzig Jahren ohne Krieg und mit guten Aussichten auf weitere Jahre Frieden, mit über 3.000 Biersorten und jedes Jahr 60.000 Buch-Neuerscheinungen. Doch die Frust- und Protestgeneration läßt sich ihr Credo nicht von Fakten vermasseln...« (a.a.O. S. 12).

Sie fordern, ungerührt von allen Facts, Tempo 100 auf Autobahnen, obwohl sie aus Holland wissen, daß dieser dort mittlerweile abgeblasene Autoschleich die Unfall-Frequenz erhöhte und den Verkehrsfluß staute. Sie ignorieren die detaillierten Resultate des Technischen Überwachungsvereins in Bayern, der monatelang zwischen Nürnberg und München einen Teilabschnitt der Bundesautobahn auf 120 festlegte – es brachte nichts. Auf dem Kölner Autobahnring, so die aktuelle Verkehrsbilanz des Landes Nordrhein-Westfalen, gab es 1988 mit Tempo 100 erheblich mehr Unfälle als 1984, dem letzten Jahr ohne Geschwindigkeitsbeschränkung. Damals krachte es 1346 mal auf NRWs BABs. Bei Tempo 100 gleich 200 mal mehr. 1592 mal machte es crash. Egal, zur Fassungslosigkeit der Berliner verkündete Mompers Wortbruch-Senat mitten im Wonnemonat Mai 89 Tempo 100 für die Avus.

Sie ignorieren die Meldung des Umweltbundesamtes von Berlin, daß die Belastung der Luft mit Schwefeldioxyd 1988 gegenüber dem Vorjahr trotz weiterer Industrialisierung um 28 Prozent im Ostteil der Stadt, der unter DDR-Dreck leidet, und im Westteil um 70 Prozent reduziert wurde.

Interessiert nicht, weil es die Weltuntergangssicht der Negativisten widerlegt.

Es paßt nicht in ihre Beschreibung der Welt als Jammertal, daß das Wasser des Mains an der Mündung in den Rhein bei Mainz so sauber ist, daß man daraus wieder trinken kann: Der Sauerstoffgehalt des Flusses stieg von 1,5 Milligramm auf 7,9 Milligramm. Was tuts schon – die unendliche Elendspalette wird weiter heruntergeleiert. Drei Beispiele für tausend.

Tatsächlich war dieses Land zu keiner Zeit so schön und blühend. Franzosen und Amerikaner, Russen wie Japaner erkennen neidlos an, daß sie fast alles an diesem Deutschland fasziniere – bis auf »die schlechte Laune seiner Medien«, so einmal der sowjetische Ex-Botschafter Falin. »Diese Medien«, so Falin, »haben ein Lieblingsthema: Die Zukunftsangst.« Ben Witter versah am 18. Mai 1989 seine Zeit-Magazin-Kolumne mit dem treffenden Titel: »Appetit auf Angst«.

Der ehemalige italienische Botschafter Luigi Vittorio Ferraris schrieb ein Buch über das aus allen Wohlstandsnähten platzende Wohlstands- Deutschland (»Wenn schon, denn schon – aber ohne Hysterie«, München 1988). Seine

Beobachtungen gipfeln in der Erkenntnis, daß es die kleinen Dörfer sind, deren blankgeputze Marktplätze und geschmückte Vorgärten diesem Land die Kraft von ganz drinnen gaben und geben, sich so zu entwickeln.

In unserer veröffentlichten Schlecht-Wetter-Mediokratie davon kein Wort. Hier wird uns eingeredet, daß dieses Land spießig, muffig, ausländerfeindlich, egoistisch, profitsüchtig, kurz: ein Land dickbäuchiger Biertrinker und Sauerkrautfresser sei, die nichts außer sich gelten lassen und alle übrigen außer Landes jagen wollen.

Den Kindern dieser Republik werden Auschwitz und Buchenwald als ewige Erbschuld angelastet – kaum eine Ausgabe von Zeit oder Spiegel, die nicht so daran erinnert, als seien die Nachgeborenen des Holocaust dessen Mitverursacher gewesen – ein ewig trüber Quell, aus dem das Märchen von der Kollektivschuld erneuert wird.

Es ist so, als wollten diese Medien die Hoffnungsträger der Republik, unsere Kinder, kaltstellen, bevor sie als Architekten das Land, das wir ihnen hoffentlich geordnet hinterlassen, weiterbauen können.

Eine Momentaufnahme des öffentlichen Fernsehens vom 21. Mai 89 zeigt, wohin diese Reise geht:

ARD 14.15: »Haste mal 'ne Mark« – Reportage über Aussteiger, Bettler und Lustlose in Westdeutschland.

Bayern 3 um 11 Uhr: Deutsche Tage 68 – Vietnam-Krieg, Dutschke-Attentat...

Bayern 3 um 13.20 Uhr: Die Gedanken Jean-Jacques Rousseaus – zurück zur Natur.

Hessen 3 um 15.30 Uhr: Dokumentarfilm über Dioxinvergiftung.

Sonntagsbeiträge eines Fernsehens, das diese Minusmache der Republik den Zuschauermillionen täglich aufs Neue vorrechnet. Solange, bis es selbst die glauben, denen es unbeirrbar gutgeht.

Der Adolf-Hitler-Effekt

Als der kürzlich verstorbene Kölner Geschichtsprofessor Andreas Hillgruber, dem selbst der Spiegel attestierte, »zur ersten Garnitur der deutschen Historiker zu zählen«, nur darauf hinwies, daß der Holocaust des SS-Staates historische Parallelen zu Stalins Gulag-Grausen aufweise, fühlten sich die Propagandisten der Kollektiv-Schuld der Deutschen am Holocaust wie ertappt.

Sie zogen gegen Hillgruber zu Felde als sei uns mit ihm ein neuer Goebbels erstanden. Er wolle »Schuld aufrechnen« (ARD-Tagesthemen) und »Töten relativieren« (so der Spiegel). Der sogenannte Historiker-Streit wurde im linksdrehenden Medien-Spektrum als Beleg für »nie verlöschende Geschichtsklitterung« (Die Zeit) und als Versuch gewertet, »Hitlers Greuel posthum gesundzubeten« (taz).

Das Gegenteil ist richtig. Hillgruber – und vor und mit ihm die Elite der englischen, amerikanischen wie französischen oder italienischen Historiker haben zwingend darauf hingewiesen, daß Genozide wie die des Holocaust, des Gulag oder von Pol pot in Kambodscha ihre letzte Erklärung nicht in den Charakteren und Psychosen dieser Länder finden und nicht als eine erbsünderisch nationale Konstante auf die Eigentümlichkeit der betreffenden Nationen rückführbar sind, sondern sich als geschichtliche Phänomene erwiesen haben, in denen sich die unkontrollierte Macht von Cliquen austobt, die sich an diese Macht geschlichen und gemordet haben – ein Phänomen, das in jedem Volk aufbrechen kann, das sich außerhalb einer parlamentarisch verfaßten Demokratie und außerhalb eines Rechtsstaates befindet oder aus einer rechtsstaatlichen Demokratie verstoßen wird – wie Hitler es mit den Deutschen machte.

Aber Adolf Hitler einer Nation als kollektive Erbschuld für alle Ewigkeit anzulasten führt nicht weiter. Die von Diktatoren politisch ermordeten Millionen dieser Welt sind nicht von pervertierten Nationen hingeschlachtet worden, sondern von Politgangstern und einer nicht unerheblichen

Zahl von Mittätern, die sich leider immer finden und die sich den Weg an die Spitze ihrer Völker geschossen haben, um diese Völker zu unterjochen.

Rot, braun oder gelb – das macht keinen Unterschied: Mord ist Mord. Tod ist Tod.

Mit jedem einzelnen Juden, Kambodschaner, Deutschen, Franzosen, Vietnamesen, Iraner oder Russen, der dem Genozid zum Opfer fiel, ging eine Welt zugrunde – seine Welt. Den Opfern des politischen Massenmords einen Genozid 1. oder 2. Klasse zuzubilligen ist schlimmster Zynismus. Da mache ich nicht mit.

Hier wird nichts aufgerechnet, gutgeschrieben oder relativiert, hier wird lediglich festgestellt, daß Völkermord Völkermord ist – unterschiedslos, klassenlos, nationslos.

Damit eines ganz klar ist: Die Verfolgung und millionenfache Ermordung der Juden durch die Nazis bleibt das dunkelste Kapitel der deutschen Geschichte. Daran gibt es nichts zu rütteln. Aber ich halte die Position jener Zeitgenossen für politisch und moralisch äußerst fragwürdig, die daraus eine ewige Kollektivschuld aller Deutschen konstruieren, während sie gleichzeitig keine Gelegenheit auslassen, gegen Israel, den Staat der Juden, Front zu machen.

Kollektivschuldzuweisungen sind einfach, sie kosten nichts. Die wirkliche Freundschaft zwischen Deutschen und Juden zeigt sich heute an der Klarheit des Bekenntnisses zum Staate Israel. Das ist der Maßstab, der zählt. Ich sage uneingeschränkt Ja zu Israel.

Ich denke deutsch

Wir werden nichts verdrängen. Der SS-Staat des Adolf Hitler lastet schwer auf unserer Geschichte. Wir können diese Hypothek nur abtragen, indem wir alles tun, um die von den Alliierten geborgte Demokratie als die eigene zu festigen und zu entwickeln. Die Erinnerung an die demokratischen Traditionen unserer Geschichte kann uns dabei eine entscheidende Hilfestellung sein.

Niemals mehr darf auf deutschem Boden eine »Bewegung« dazu führen, diese Demokratie aufzulösen und der unkontrollierten Macht einer ideologischen Clique zu überantworten, die ihre »vornehmste« Aufgabe darin sieht, den politischen Gegner umzubringen. Um aus der geborgten Demokratie unser Eigentum zu machen, müssen wir uns zu unserer Geschichte mit ihren dunklen und ihren hellen Seiten, zu unserer Identität und unserem Land bekennen.

Wir sind nichts im demokratischen Weltorchester, wenn wir dort nur im Background-Chor verschämt mitsummen. Wir sind nur wer – und nützen nur so der Demokratie –, wenn wir im demokratischen Weltorchester eine unverwechselbare eigene Stimme haben – die unserer nationalen Identität.

Kein befreundetes Land will, daß wir in Sack und Asche daherkommen. Ob Amerika oder Frankreich – sie alle wollen ein Deutschland, das aus eigener Souveränität und eigenem Selbstbewußtsein ein zuverlässiger Bündnispartner ist. Die Bundesrepublik Deutschland ist nur deshalb das weltweit favorisierte Asyl für politische Flüchtlinge, weil die Verfolgten aller Länder wissen, was ihnen niemand ausreden und keine Propaganda gegen die Bundesrepublik verstellen kann:

Diese Republik ist der sicherste Zufluchtsort für alle Verfolgten in der Welt, weil dieses Land über eine perfekt funktionierende Demokratie verfügt, auf die wir stolz sein dürfen.

- Ich denke deutsch: Das ist die Liebe zu meiner Heimat
- Ich denke deutsch: Das ist der Stolz auf ein Land, das allen Ländern und Menschen die Hand gibt – draußen wie drinnen.
- Ich denke deutsch: Das ist das Bekenntnis zu unserer Identität, ohne die wir nichts sind.
- Ich denke deutsch: Das ist das Plädoyer eines Deutschen, der auch als Europäer und Weltbürger Deutscher sein möchte.

NACHWORT

- Perspektiven zum Ausklang -

Der Blutrausch der Deng-Soldateska, die den Platz des Himmlischen Friedens in ein Leichenfeld verwandelte, ließ nicht nur die lauwarme Salonlinke unseres Landes, sondern auch die deutsche Demo-Szene kalt. Die Genickschüsse von Peking und Shanghai, die der Welt den ebenso morbiden wie mörderischen Kern des Kommunismus vor Augen führten, brachten keinen Alternativo auf die Straße. Die dreitausend Ermordeten von Peking hatten für unsere Demonstrationstouristen nicht mal als zusammenverscharrtes Massengrab das Gewicht, das für sie ein einziger böser Blick von Pinochet besitzt.

Das in unsere Berufschaotiker eingebaute ideologische Sperrdifferential stoppt automatisch deren Demo-Trieb bei jenen Toten, die den Weg des Kommunismus säumen. Das sind, wie Yves Montand einmal diesen Zynismus beschrieb, »die miserablen Toten«. Die »guten Toten«, so Montand, »sind die, welche gegen den Kapitalismus fielen«.

Diese politische Hirnspaltung geht bis in die Semantik. Wen der Kommunismus tötete, wurde nicht »ermordet«, »er fiel der Liquidation anheim«.

Aber, nota bene, jeder Berufsdemonstrant, den eine spätkapitalistische Polizistenhand zwingt, Gewaltakte zu unterlassen, sieht sich wehleidig als Opfer barbarischen Staatsterrors.

Die linke Chaosszene und die mit ihr kokettierende Alternativbewegung, die nie Zweifel daran ließ, daß ihr Verhältnis zur Gewalt ein beständig ungeklärtes ist, entdeckte offenbar in den Deng-Tötern teilweise sogar ein Sympathie-Potential.

Selbst die taz, Sprachrohr der Grünstichigen im Lande, räumte auf ihrer Seite drei am 23. Juni 1989 ein: »Während die Hetzjagd der Regimes in Indonesien, Südkorea und auf den Philippinen nach Dissidenten und Gewerkschaftern in der Vergangenheit immer wieder eine breite Solidaritätsbewegung im Westen hervorbrachte, zeigten Todesstrafen, Völkermord und Folter in China nur Ignoranz, betretenes Schweigen oder gar Solidarität mit der chinesischen Führung – selten aber mit den Opfern.« Die Erklärung für dieses mörderische Absurditäten-Theater findet sich auf direktem Wege:

Dengs Todes-Orgie droht wieder einmal die in rosaroten Wahnvorstellungen schwelgende linke Weltverbesserungsszene um ihren Spitzen-Schlager zu bringen: um die Glaubwürdigkeit des alleinseligmachenden Endziel- und Erlösungskommunismus. Die Glaubwürdigkeit dieses Erlösungskommunismus zerplatzte in Peking in einer Nacht wie eine Seifenblase.

Nach Peking ist für jeden erkennbar am Kommunismus wieder nichts dran als Blut. Eine gigantische Reklame-Kampagne, made in Rotchina, hatte dem Rest der Welt nach Maos Ende suggeriert, daß Dengs Reformkommunismus, der Gorbatschow meilenweit voraus war, vom Feinsten sei.

Der Wink mit dem offenen Markt ließ den Westen alles vergessen, was im Reich der Mitte, wie in jedem kommunistischen Land – auch in der Sowjetunion –, nach wie vor möglich war und ist.

Die FAZ faßte die chinesische Wirklichkeit am 20. Juni 1989 unter der Zeile »Sterbende Regime machen nur noch Fehler« wie folgt zusammen: »Nach vorsichtigen Schätzungen hat die marxistisch-leninistische Führungselite seit 1950 mindestens 18 Millionen Menschen aus politischen Gründen töten lassen.«

18 Millionen. Achtzehn...!! Die taz zitierte am 23. Juni 1989 unter der Zeile »Die Hinrichtung politischer Gegner gehört seit 40 Jahren in der VR China zum Repertoire der Macht Maos: Bereits 1956 meldete Mao dem Politbüro: Zwei Millionen von drei Millionen Konterrevolutionären sind hingerichtet worden.«

Der Freiburger Sinologe Harro von Senger schrieb in der

ersten Juni-Ausgabe der Zürcher Weltwoche: »Alles, was der liberal-bürgerlichen Ideologie entspricht, wird aus China berichtet, alles, was dieser Ideologie widerspricht, unterschlagen.« Dieser Satz gilt bis in die kleinste Nuance auch für die Sowjetunion Michail Gorbatschows. Das ist vielleicht einer der zahlreichen Gründe, die bei Gorbatschows Deutschland-Besuch Millionen Bundesbürger an vier sonnenüberstrahlten Junitagen in einen regelrechten Gorbi-Rausch versetzte, ein massenpsychologisches Phänomen, das unsere Freunde im Westen in fassungsloses Staunen versetzte.

Sicher: Beim Jubel um Michail Gorbatschow und dessen faszinierende Gattin Raissa war der treibende Applaus-Motor die millionenfache Hoffnung der Deutschen, daß aus der Ost-West-Konfrontation endlich eine ehrliche und tiefe West-Ost-Kooperaton werde, und daß die Drohgebärde des russischen Bären dem Anfaßcharme Michail Gorbatschows weiche – eine Hoffnung, die auch ich teile, allerdings nicht um den Preis des Realitätsverlustes. Moskau ist bis zu dieser Stunde eine kommunistische Diktatur, die noch nicht einmal die trügerische Fassade des Dengschen Reformkommunismus errichten konnte, und von dem, was in Polen oder gar in Ungarn geschieht, noch sehr weit entfernt ist.

In der Massenhysterie der glänzend inszenierten Bonner Gorbatschow-Gala blieb Millionen eine Preisverleihung für eine spektakuläre Analyse verborgen: Gehard Wettig, Leiter des Forschungsbereiches Ost-West-Beziehungen am Bundesinstitut für Ostfragen, erhielt den Weichmann-Preis 1989 für einen kleinen Band mit dem Titel »Gorbatschow auf Lenin-Kurs?« (Köln 1989). Wettig unternahm in diesem Buch nichts anderes als dieses: Er konfrontierte die überschäumende Glasnost-Euphorie mit den O-Tönen des Kremls. Der gelernte Ost-Experte und Entspannungs-Freund nahm Gorbatschow beim Wort und stellte aus den letzten drei Jahren die wichtigsten amtlichen Verlautbarungstexte Moskaus zusammen. Ergebnis: Von all jenen Träumen, welche die westlichen Kreml-Astrologen in trauter Eintracht mit Gorbis PR-Spezialisten im Westen erzeugten, bleibt leider nicht allzuviel übrig. Die Gorbatschow-Administration läßt in ihren nachlesbaren offiziellen Verlautbarungen keinen Zweifel daran, daß das unverrückbare Endziel nach wie vor der Kommunismus bleibt, und daß Glasnost nicht der Weg zu Liberalismus und Demokratie ist, sondern lediglich der Vesuch, die Mängel und Schwächen des sowjetischen Kommunismus in den Griff zu bekommen. Von einem Versuch, das System zu ändern, kann nirgendwo die Rede sein.

Glasnost erweist sich ferner zunehmend als gezielte Methode zur Entfachung westlicher Emotionen, die einer gefährlichen Fehleinschätzung des sowjetischen Regimes, das ja nicht nur aus Gorbatschow besteht, Vorschub leisten.

Die Vorstellung, daß wirtschaftliche und finanzielle Vorleistungen des Westens einen Wandel der ideologischen Sowjet-Doktrin bewirken könnten, grenzt an Traumtänzerei. Jene Kräfte in Moskau, die sich um den auf echte Reformen drängenden Boris Jelzin geschart haben, mittlerweile Hunderttausende, warnen eindringlich vor diesen einseitigen Vorleistungen, weil diese nur dabei behilflich seien, den Lebensstandard und die Unterdrückungsmechanismen der sowjetischen Nomenklatura zu befestigen.

Die innerparteiliche sowjetische Opposition fordert, daß die Wirtschafts-Hilfen und Finanzspritzen des Westens an klare politische Gegengeschäfte gebunden sein müssen: An die Gewährung von garantierten bürgerlichen Grundfreiheiten und an die Eröffnung von freien Marktfeldern, um der sowjetischen Wirtschaft das zu bringen, was den Bürgern der UdSSR auf Dauer am besten hilft: Wettbewerb durch Erweckung privater Initiative.

Die theoretische Hauszeitung des Kreml, »Der Kommunist«, schrieb in ihrer Juniausgabe, daß Gorbatschows Reformkurs nur noch eine Chance »von einigen Monaten« bleibe. Sowjetische Wissenschaftler und Wirtschaftler warnen vor einer Hungersnot. Die Zeit gibt dem Ganzen die Überschrift: »Gorbatschow zwischen Reform und Ruin«.

Die sowjetische Staatsbürokratie hört auch unter Gorbatschow nicht auf, eine Katastrophe nach der anderen zu produzieren: Beim Erdbeben im Kaukasus stürzten Neubauten wie Kartenhäuser ein, während Hütten aus zaristischer Zeit stehen blieben. Eine explodierende Gasleitung zwischen zwei Zügen forderte mehr als sechshundert Tote. Ethnische Pogrome wühlen die transkaukasischen Sowjetrepubliken auf. Mord und Totschlag sind hier an der Tagesordnung. Auch die baltischen Staaten sind die Russifizierung leid.

Aber sowjetische Katastrophen interessieren unsere sonst so übersensiblen grünen Katastrophenstaubsauger nicht. Die Marx & Murks-Genossenschaft der sowjetischen Staatsbürokratie hat bei ihnen unbegrenzten Kredit.

Und auch das offizielle Bonn liegt dem so vielfältig gebeutelten und wirtschaftlich wie finanziell bankrotten Glasnost-Superstar, dem Helmut Schmidt allenfalls 50 Prozent Erfolgschancen gibt, jubelnd zu Füßen, drückt alle Augen zu und einen Gorbatschow an die Brust, der außer dem Glasnostrummel und seinem unbestreitbaren persönlichen Charme nichts, aber auch gar nichts mitbrachte.

Er sprach zwar über unser Selbstbestimmungsrecht – ein Recht, das jedem Volk der Welt schon nach dem Völkerrecht zusteht –, aber die Ausübung des Selbstbestimmungsrechts aller Deutschen war für ihn kein Thema. Die Andeutungen, die sich Gorbatschow dazu entlocken ließ, waren selbst für den in verzückten Schlagzeilen der Realität entrückten Presseboulevard zu wenig. Allerdings hatte er seinen außenpolitischen Berater Wadim Sagladin kurz vor seinem Bonn-Besuch erklären lassen, die Wiedervereinigung Deutschlands stehe zum jetzigen Zeitpunkt nicht auf der Tagesordnung (Bild am Sonntag, 4.6.1989).

Während sich mit dem Gorbi-Jubel die menschlich verständliche und trotz skurriler Züge auch sympathische Hoffnung der Deutschen Bahn brach, daß zwischen Moskau und Bonn alles gut werde, machte Amerikas Präsident Bush für uns Politik.

Als Gorbatschow Bonn mit Nothing in Ekstase versetzte – auch das muß man können –, ließ Washington alle Deutschen wissen, daß jeder Bundesbürger fortan ohne Visum nach den Staaten kann. Wer die eisenharten Visabestimmungen der USA aus eigener Anschauung kennt, weiß, daß dies eine revolutionäre Sensation war, auch wenn sich das offizielle Bonn nur zu einem müden Beifall durchringen konnte.

Der große Freund jenseits des großen Teichs reißt in 8000 Kilometer Entfernung für uns alle Türen auf. Er räumt uns Deutschen Sonderrechte ein, wie kaum einem anderen Land der Welt.

Hier aber, direkt vor unserer Haustür, verrammelt der Kommunismus mit offizieller Billigung Gorbatschows jeden Durchschlupf mitten in Deutschland und schießt gnadenlos auf jeden, der dennoch versucht, eine Lücke zur Flucht zu nutzen.

Nach Gorbatschows Besuch bleibt die häßlichste Grenze der Welt, als wäre nichts geschehen: die Mauer und die Sperranlagen des Honecker-Regimes mit Selbstschußanlagen und Spürhunden – ein Schandfleck, über den die Geschichte noch in tausend Jahren berichten wird.

War also der Jubel umsonst? Könnte er nicht wenigstens das Deutschland-Bild der Sowjetbürger und vor allem Gorbatschows positiv beeinflußt haben? Ich weiß es nicht, aber ich hoffe es.

Dem Kanzler, der auf der Basis der Geißlerschen Wahlstrategie seit seiner Regierungsübernahme mit ganz wenigen Ausnahmen tapfer von Wahlschlappe zu Wahlschlappe geschritten war, half bei der Europawahl weder der triumphale Gorbatschow-Besuch noch die Bush-Visite, noch der medienwirksame Nato-Gipfel – eine Wahlwerbung, von der andere Regierungschefs nur träumen können. Die CDU fiel erneut ins Bodenlose, auch wenn Heiner Geißler noch am Wahlabend das Desaster eines Stimmenverlustes von acht Prozent dem staunenden Fernsehpublikum mit strahlender Mine als Trendwende nach oben zu verkaufen suchte.

Die Republikaner und die Grünen sahnten Unmut ab, wo sie ihn kriegen konnten. Was wollen die Deutschen? Rot-grüne Koalitionen? Eine große Koalition? Oder etwa eine rot-grün-gelbe Ampelkoalition aus SPD, Grünen und freien

Der Apparat ist noch intakt   Aus der FAZ

Demokraten? Was treibt die Bundesbürger dazu, plötzlich die Grundsäulen des Wohlstandes und der Sicherheit in Wahlen so leichtfertig zu verspielen?

Noch nie ging es Land und Leuten so gut wie heute. Die Wachstumsraten der Wirtschaft sind großartig. Die Arbeitslosigkeit, Problem Nummer 1, ging im ersten Halbjahr 1989 deutlich und spürbar auf den besten Wert seit 1982 zurück. Die Prognosen für Wirtschaft und Soziales sind phantastisch. Die Zahl der Konkurse halbierte sich.

Ist es der Überdrußeffekt des Wohlstandsbürgers? Geht der Esel aufs Eis, wenn's ihm zu wohl wird?

Sicher spielt das alles auch eine Rolle. Aber bei dem Verlust an den Rändern der beiden großen Volksparteien geht es um etwas anderes.

Die Verluste entstehen aus dem völligen Verzicht auf geistige Führung mit der Folge totaler materieller Verflachung der deutschen Politik und aus dem Verlust an Glaubwürdigkeit in der praktischen Politik von A wie Asyl- und Ausländerpolitik bis W wie Wohnungspolitik. In der CDU greift Sprachlosigkeit um sich. Die Öffnung nach links war ein Reinfall nach rechts. Je mehr sich führende CDU-Politiker bemühten, dem vermeintlichen Zeitgeist nachzujagen statt zu führen, Orientierung zu geben und klare Zukunftsperspektiven aufzuzeigen, je mehr sie das Wohl ihrer Partei dem Gemeinwohl überordneten und ihre Politik an Wahlterminen ausrichteten, um so mehr liefen ihnen die Wähler weg. Eine Staatsführung, die nicht führt, verfehlt nicht nur ihren Verfassungsauftrag, sie verfehlt auch ihre Wähler.

Ist also für die CDU – außer der gespenstischen Verliererhoffnung auf eine große Koalition – alles verloren? Ich kann es nicht glauben! Zu groß ist die qualitative Substanz dieser großen Volkspartei.

Wenn die CDU sich wieder auf das besinnt, was sie unter Konrad Adenauer groß und stark gemacht hat, hat sie immer eine Chance. Aber das hieße die Ärmel hochkrempeln und »mit 10 Strich Steuerbord gegen den Zeitgeist steuern«. Doch dazu bringt die CDU-Führung zur Zeit die Kraft nicht auf.

Schade: Für eine kämpferische CDU, die für ihre Ideale und gegen den linken Zeitgeist fightet, könnten sich viele Wähler wieder begeistern. Für die CDU Heiner Geißlers – oder wie immer die Strategen der Öffnung nach links heißen werden – kaum.

Dennoch sollte langfristig niemand die CDU unterschätzen. Eines Tages wird die Basis aufstehen und mit der linksliberal modischen Schicki-Micki-Politik aufräumen. Einmal – und davon bin ich felsenfest überzeugt – wird die Basis ihre Ideale und insbesondere die viel versprochene geistige Wende von ihrer Führung in Bonn einfordern. Das wird der Tag des Wiederaufstiegs der CDU sein.

Dieser Tag wird kommen. Aber nicht mit Hilfe der jetzigen CDU-Führung, deren Sanduhr abläuft, sondern mit Hilfe der CDU-Basis. Die CDU-Basis weiß heute schon erheblich besser, wo es lang geht als ihre Führung. Ich setze auf die Basis der CDU. Ihr gehört die Zukunft!

ANHANG

– Briefe und Reden –

Kritik in Bücher zu packen ist eine gute Sache. Aber das reicht nicht. Ich habe das, was ich meine, nie nur in Papier gewickelt oder sonstwo versteckt.

Ich habe Kritik auch immer gleich an die richtige Adresse gerichtet – frank und frei, ungeschützt und unbequem – zum Beispiel an den Kanzler der Republik und den Generalsekretär der CDU. Auch in der Fraktion habe ich stets sehr offen meine Meinung gesagt.

Einige dieser kritischen Briefe an Helmut Kohl und Heiner Geißler sowie einige meiner Diskussionsbeiträge in der CDU/CSU-Fraktion möchte ich dem Leser nicht vorenthalten.

»Gegen die Öffnung nach links«

In der Sitzung der CDU/CSU-Bundestags-
fraktion am 12. 4. 1988 kritisierte ich (auf der
Basis des folgenden Manuskripts) Geißlers
Strategie der Öffnung nach links und legte
der Fraktion und der Bundesregierung meine
Meinung zu Wiedervereinigung und Abtreibung vor. Die Ergebnisse der Landtagswahlen in Schleswig-Holstein (Mai 1988; CDU
minus 9,3 %) und Berlin (Januar 1989; CDU
minus 8,6 %) existierten noch nicht.

I.

Gestatten Sie mir zuerst einige kurze Vorbemerkungen zum Problem
der Stimmenverluste der CDU seit der Regierungsübernahme 1982.

Sie betrugen bei den Landtagswahlen:

1985	Berlin	- 1,6	
	Saarland	- 6,7	
	NRW	- 6,7	
1986	Niedersachsen	- 6,4	
	Hessen	+ 2,7	(-3,5)
1987	Hamburg	- 1,4	(+1,9)
	Rheinl.-Pfalz	- 6,8	
	Bremen	- 9,9	
	Schleswig-Holstein	- 6,4	
1988	Baden-Württemberg	- 2,8	

Im Durchschnitt hat die CDU also bei den letzen 10 Landtagswahlen
4,6 % (bzw. 4,89 %) verloren - und das nach der wirtschaftlich
erfolgreichsten Regierungszeit eines deutschen Kanzlers seit 20
Jahren.

Keiner kann mit letzter Bestimmtheit sagen, welches die Gründe
dieser Stimmenverluste sind. Ich habe eine Meinung dazu, der
Generalsekretär hat eine andere.

Der Generalsekretär hat mir im vergangenen Jahr in einem Brief
mitgeteilt, die Union müsse ihre Wählerbasis bei den" neuen
Mittelschichten" erweitern und "die Wahl in der politischen Mitte
gewinnen."

Ich habe seit mehreren Jahren die These vertreten, daß die Union,
wenn sie sich zu stark neuen Schichten der linken Mitte zuwende,
Stammwähler im konservativen Bereich verlieren werde. Ich habe
verkürzt gesagt und geschrieben: für jeden Wähler den wir
mitte-links gewinnen, verlieren wir zehn konservative Stammwähler.

Ich frage: Kann man eigentlich angesichts dieser Serie von
teilweise dammbruchartigen Stimmenverlusten heute wirklich noch
sagen, die Wahlstrategie des Adenauer-Hauses sei richtig und
meine Thesen seien total falsch? Kann man das wirklich noch sagen?

II.

Noch wichtiger als gute Wahlergebnisse sind jedoch die
Grundsatzentscheidungen, die wir hier in dieser Fraktion für
unser Land treffen.

Zuerst zur Deutschlandpolitik: das Bundesverfassungsgericht
fordert zur Wiedervereinigung wörtlich: "Alle politischen
Staatsorgane haben die Rechtspflicht, die Einheit Deutschlands
mit allen Kräften anzustreben. Sie müssen....alles unterlassen,
was die Wiedervereinigung rechtlich hindert oder faktisch
unmöglich macht."

Das BVerfG fordert also eine aktive Wiedervereinigungspolitik. Es
hat seine Forderungen aus dem Grundlagenurteil an die Verfassungs-
organe unseres Landes im sog. Teso-Beschluß vor wenigen Wochen
nicht etwa abgeschwächt sondern erheblich verstärkt und
präzisiert. Eine passive Wiedervereinigungspolitik, eine
status-quo-Politik, ist mit den verbindlichen Leitsätzen des
BVerfG und damit mit dem Grundgesetz unvereinbar.

Eine Reihe von Äußerungen des Bundesministers für innerdeutsche
Beziehungen in Paris und einige Passagen des
deutschlandpolitischen Diskussionspapiers, zu dem es seit gestern
vom CDU-Präsidium dankenswerter Weise einige substantielle
Änderungsvorschläge gibt, halten einer verfassungsrechtlichen
Prüfung m.E. nicht stand.

Das gilt z.B. für die Äußerung von Frau Wilms in Paris "die
Teilung Europas muß überwunden werden, soll auch die deutsche
Teilung ihr Ende finden." Hier wird der Einigung Europas ein

Vorrang gegenüber der Einheit Deutschlands eingeräumt, der ihr nicht zukommt - so wünschenswert die europäische Einigung auch sein mag. Die Präambel des Grundgesetzes gibt der Wiedervereinigung eine klare Priorität vor der Einigung Europas.

Das geht so weit, daß das Grundgesetz nach Art. 146 mit der Wiederherstellung der staatlichen Einheit Deutschlands ausdrücklich außer Kraft tritt - und nicht etwa mit der Einigung Europas. Deutlicher konnte das Grundgesetz den Primat der Wiedervereinigung vor der Einigung Europas, die ja einer Wiedervereinigung Deutschlands folgen kann, gar nicht zum Ausdruck bringen.

Es heißt die Dinge verfassungsrechtlich auf den Kopf stellen, wenn man die wünschenswerte Einigung Europas zur Vorbedingung der Wiedervereinigung macht. Umgekehrt wird ein Schuh daraus!

Auch die Aussage des innerdeutschen Ministers in Paris, der deutsche Nationalstaat um seiner selbst willen sei nicht Auftrag des Grundgesetzes, ist verfassungsrechtlich äußerst problematisch. Außerdem handelt es sich bei den rund 150 auf der Welt existierenden Staaten grundsätzlich um Nationalstaaten. Wir haben nicht weniger Rechte als die anderen Staaten dieser Welt.

Mit der verfassungsrechtlichen Verpflichtung, eine aktive Wiedervereinigungspolitik zu betreiben, haben alle diese Aussagen jedenfalls wenig zu tun. Wegen der gestrigen Änderungsvorschläge des Präsidiums will ich hier nicht auf die verfassungsrechtlich äußerst bedenklichen Passagen des deutschlandpolitischen Diskussionspapiers eingehen, sondern hierzu die Entscheidungen im Bundesvorstand in einer Woche abwarten.

Dennoch muß ich fragen, da das BVerfG ja eine aktive Wiedervereinigungspolitik fordert: Wann hat ein deutscher Außenminister eigentlich das letzte Mal seiner Pflicht aus dem Grundgesetz entsprochen und in Moskau aktiv etwas für die Wiedervereinigung getan? Wann hat ein deutscher Außenminister das letzte Mal einen Wiedervereinigungsplan ausgearbeitet und vorgelegt?

Meine Generation hat die Generation meiner Eltern häufig gefragt: warum habt ihr nicht mehr gegen den Terror der Nationalsozialisten unternommen? Die Generation unserer Kinder und Enkel wird uns eines Tages fragen, was wir eigentlich gegen Mauer, Stacheldraht, Schießbefehl und die ständige Verletzung der fundamentalen Menschenrechte in der DDR unternommen haben - und was wir für die Wiedervereinigung getan haben.

Karl Carstens hat hierzu am 30. Januar 1975, also vor über 13 Jahren, im Deutschen Bundestag an die Adresse der SPD den äußerst aktuellen Satz gesagt: "Ich weiß, daß es viel leichter ist, in manchen Kreisen eine Protesterklärung gegen Chile und Südafrika ... zustandezubringen als eine Protesterklärung gegen die DDR".

Ich kann mir schlecht vorstellen, daß andere Völker sich ähnlich verhalten würden. Die Franzosen würden im Falle einer erzwungenen Teilung ihrer Hauptstadt und ihres Landes durch Mauer und Stacheldraht mit Sicherheit auch nach über 40 Jahren immer wieder auf den erzwungenen Unrechtszustand hinweisen und seine Beseitigung fordern. Die Franzosen haben Elsaß-Lothringen nie aufgegeben, und die Polen nie ihr Vaterland.

Die Wiedervereinigung hat in der deutschen Bevölkerung übrigens einen viel höheren Sympathiewert als bei manchen Politikern. Nach einer Umfrage des Allensbacher Instituts aus dem Jahre 1987 ist die deutsche Einheit - "ein Ziel, das in der Bevölkerung in hohem Maße akzeptiert ist". Für 67 % ist die deutsche Einheit ein positives Ziel und nur für 15 % ein negatives Ziel.

Nach internen Meinungsumfragen in der DDR durch das dortige Regime zum Eigengebrauch durchgeführt, ist der Wille zur Wiedervereinigung in der DDR sogar noch stärker ausgeprägt als in der Bundesrepublik Deutschland.

Ich hoffe daher in dieser Frage auf den Parteivorsitzenden und Bundeskanzler Kohl. Gerade nach der gestrigen Präsidiumssitzung hoffe ich, daß Sie sicherstellen, daß in Wiesbaden endlich die Voraussetzungen für eine _aktive_ Wiedervereinigungspolitik geschaffen werden.

Für diese _aktive_ Wiedervereinigungspolitik, um die ich Sie bitte, bekommt man nicht den Beifall des Spiegel und des Stern. Aber wir müßten ja von allen guten Geistern verlassen sein, wenn wir unsere Politik am Spiegel und am Stern orientieren würden, die doch nur eines wollen - das Ende dieser Regierung.

Jeder der vom Spiegel und vom Stern im Zusammenhang mit dem angeblich so progressiven deutschlandpolitischen Diskussionspapier Lob und Unterstützung erhalten hat sollte wenigstens einen Augenblick darüber nachdenken, warum ihm dieses Lob zuteil wurde.

III.

Gestatten Sie mir abschließend eine Anmerkung zur Frage der Tötung ungeborenen Lebens und damit auch zum Diskussionspapier der CDU zum christlichen Menschenbild. Die Union steht hier aufgrund ihrer früheren Aussagen im Deutschen Bundestag vor einem großen Glaubwürdigkeitsproblem:

Am 17. Mai 1973 fand im Deutschen Bundestag die erste große Abtreibungsdebatte statt. Für unsere Fraktion erklärte unser damaliger Kollege und heutiger Justizminister von Baden-Württemberg Dr. Eyrich: "Daß wir ... nicht darauf verzichten können, dem ungeborenen Leben auch strafrechtlichen Schutz zu gewähren ist ... nicht allein eine Frage einer sittlichen Wertentscheidung, sondern auch das Gebot, sozialschädliches Verhalten mit den Mitteln des Strafrechts zu verhindern versuchen... . _Die Aufnahme der sog. sozialen Indikation in den Katalog erscheint uns nicht vertretbar... ._"

Frau Verhülsdonk erklärte in derselben Debatte: "Frau Funcke, Ihr
Beispiel .... mit der Vierkinderfamilie ist im Grunde ein
Beispiel für die Kinderunfreundlichkeit unserer Gesellschaft. Ich
kann nicht Ihre Konsequenzen ziehen, aus solchen Gründen dann das
Mittel der Tötung ungeborener Kinder zu e r w ä g e n , sondern
ich bin der Meinung, wir sind ein Land, das wohlhabend genug ist,
sich andere Mittel zu überlegen, um dieses Problem zu lösen."

In der zweiten großen Abtreibungsdebatte am 25. April 1974
erklärte Dr. Norbert Blüm neben vielen anderen Kollegen für die
Union in eindrucksvoller Weise: "Ein sozialer Staat muß es mit
den Schwachen, Hilflosen und Ohnmächtigen halten. Und ohne Macht
ist das ungeborene Kind. Reform ohne Rücksicht auf die Rechte von
Machtlosen ist sozialer Rückschritt. Ein Staat, der das
ungeborene Kind ... des Rechtsschutzes entblößt, ist kein
Sozialstaat. Wir leben nicht mehr im Neandertal ... Deshalb ist
die Parole "Der Bauch gehört mir" die Proklamation einer
Neandertal-Philosophie moralischer Eiszeit ... Lassen Sie mich
mit einem Zitat des von uns allen hoch angesehenen
sozialdemokratischen Kollegen Adolf Arndt schließen: ...
"Keimendes Leben ist Leben. Jede Unterbrechung der
Schwangerschaft ist Tötung schuldlosen Lebens. Der Rechtsstaat
hat die Aufgabe, Leben zu schützen. In der Regel wird er sein
letztes Mittel, die Strafe,androhen müssen, um sich als Staat des
Rechts zu bewähren."

So Eyrich, Verhülsdonk, Blüm und viele Kolleginnen und Kollegen
für die Fraktion damals. Und das alles soll heute nicht mehr wahr
sein? Ist die soziale Indikation des Jahres 1988 sozialer als die
des Jahres 1973? Braucht ein ungeborenes Kind des Jahres 1988
weniger Schutz des Staates als ein ungeborenes Kind des Jahres
1973 und 1974? Ist das was damals Tötung, sozialer Rückschritt
und Neandertal-Philosophie moralischer Eiszeit war heute keine
Tötung, kein sozialer Rückschritt, keine Neandertal-Philosophie
mehr?

Wir hatten damals den Mut, die Wahrheit zu sagen - obwohl das
auch damals sehr schwer war . Heute haben wir offenbar den Mut
nicht mehr, in dieser Frage gegen den Zeitgeist anzukämpfen und
uns wie damals zu unseren tiefsten moralischen Grundüberzeugungen
zu bekennen.

Wie sollen wir unserer Bevölkerung - und unseren
christlich-konservativen Stammwählern - erklären, daß jetzt vom
Adenauer-Haus der CDU-Basis ein Diskussionspapier vorgelegt
worden ist, das auf der einen Seite formuliert "ungeborene
Kinder" sind "besonders wehrlos", sie "brauchen (deshalb)
besonderen Schutz" des Staates - und das auf der anderen Seite
vorschlägt, daß die Tötung dieser wehrlosen ungeborenen Kinder
vom Staat und nicht nur von den Krankenkassen finanziert werden
soll?

Ich finde es gut, daß wir starke Tierschutzverbände haben. Ich
finde es gut, daß Millionen von Menschen für den Schutz
sterbender Wälder eintreten. Aber ich halte es für eine
unerträgliche Schande, daß im reichsten Staat der deutschen
Geschichte jährlich mindestens 200000 ungeborene Kinder getötet
werden ohne daß ein Sturm des Protestes durch dieses Land geht.
Wo ist die Lobby der ungeborenen Kinder? Warum versteht sich die
CDU nicht entschlossener als Lobby der ungeborenen Kinder? Wer
die Finanzierung der Tötung ungeborenen Lebens durch
Krankenkassen oder durch den Staat akzeptiert, hat das Recht
verspielt, sich als Schützer ungeborenen Lebens darzustellen.

Diese Politik ist nicht glaubwürdig und sie ist nicht christlich.

In den letzten sechs Jahren sind über eine Million ungeborener
Kinder getötet worden - die meisten auf Krankenschein. Wir dürfen
diese von der SPD eingeführte menschenunwürdige Praxis nicht
durch einen Parteitagsbeschluß und auch nicht durch unser
parlamentarisches Verhalten sanktionieren.

Ich habe das alles vielleicht sehr drastisch ausgedrückt. Wenn ich dadurch jemanden persönlich verletzt haben sollte, bitte ich ihn ausdrücklich um Entschuldigung. Aber ich fühle mich zu diesen Anmerkungen verpflichtet und auch ausdrücklich ermutigt durch die Regierungserklärung des Bundeskanzlers am 13. Oktober 1982 kurz nach seinem Amtsantritt als er sagte: "Für uns heißt verantwortliche Position eines deutschen Politikers, daß er zu den drängenden Problemen unserer Zeit Position bezieht und sich nicht drückt vor der Entscheidung Position zu beziehen."

»Kurskorrektur«

Am 18. 8. 1988 forderte ich den Bundeskanzler in einem Brief zu einer umfassenden Kurskorrektur auf. Ich sprach mich ferner für eine Trennung der Ämter des CDU-Bundesvorsitzenden und des Bundeskanzlers aus.

16.08.1988

<u>P e r s ö n l i c h</u>

An den
Parteivorsitzenden der CDU
Herrn Bundeskanzler Dr. Helmut Kohl
Bundeskanzleramt

5300 Bonn 1

Sehr geehrter Herr Bundeskanzler,

erlauben Sie mir, daß ich Ihnen heute in der gebotenen Kürze
meine Gedanken zur Beseitigung politischer Fehlentwicklungen
mitteile, die mir große Sorgen bereiten, weil sie meines
Erachtens sowohl für unser Land als auch für unsere Partei
schlimme Folgen nach sich ziehen können. Ich hätte meine
kritischen Anmerkungen gerne auf dem letzten Bundesparteitag
gemacht. Leider hat Generalsekretär Dr. Geißler dies nicht
ermöglicht. Ich habe Sie über diesen Sachverhalt vor Beginn des
Parteitages unterrichtet.

Führende Politiker der Bundesregierung sind sich offenbar nicht
darüber im klaren, wie katastrophal schlecht zur Zeit die Stimmung gegenüber der Bundesregierung in der Bevölkerung und in den
CDU-Orts- und Kreisverbänden ist. Das mag angesichts der großen
wirtschaftspolitischen Erfolge der von Ihnen geführten Bundesregierung ungerecht sein. Aber es ist eine Tatsache, die dadurch
unterstrichen wird, daß die CDU bei den vergangenen zwölf Landtagswahlen durchschnittlich 5,8 Prozent verloren hat. Wenn die
Bundesregierung und die Unionsführung nicht unverzüglich ihre

- 2 -

gefährlichsten Schwachstellen beseitigt und das Ruder herumreißt,
wird es immer schwerer werden, die nächste Bundestagswahl zu
gewinnen. Es ist fünf Minuten vor zwölf. Die CDU-Basis weiß das,
aber einige Mitglieder der Bundesregierung scheinen mit den
Beinen fest in den Wolken zu stehen und den Kontakt mit der Basis
völlig verloren zu haben.

In der gegenwärtig sich gefährlich zuspitzenden Lage müssen
meines Erachtens die Ämter des Bundeskanzlers und des Bundes-
vorsitzenden der CDU getrennt werden. Sie, sehr geehrter Herr
Bundeskanzler, sind als Chef einer Koalitionsregierung ständig
gezwungen, Koalitionskompromisse mit der FDP und auch mit der CSU
einzugehen und umzusetzen. Das ist ihre Pflicht, der Sie sich
nicht entziehen können. Aber das führt dazu, daß weder die
Bevölkerung noch unsere Parteifreunde wissen, was eigentlich
heute noch CDU-Politik ist. Wir verlieren dadurch nicht nur unser
Profil, sondern auch unsere Identität als Partei der äußeren und
inneren Sicherheit, der sozialen Marktwirtschaft, der finanziellen Seriosität und als Partei der geistigen Wende. Wenn wir
neben Ihnen als Bundeskanzler einen CDU-Parteivorsitzenden wählen
würden, der in voller Loyalität zu Ihnen der Bevölkerung die
ureigene und unverwechselbare CDU-Linie, die ja in vielen Punkten
von den Koalitionskompromissen abweicht, klarmachen würde, wäre
für die CDU viel gewonnen. Lothar Späth oder Walter Wallmann
wären Männer, die als Parteivorsitzende Sie als Kanzler vor-
züglich ergänzen könnten. Zur Zeit wird die CDU doch häufig wegen
Entscheidungen kritisiert, die gar nicht von ihr stammen, sondern
von der FDP, z. B. in der Steuerpolitik, in der inneren Sicherheit, im Ausländerrecht usw.

Ich kann mir nicht vorstellen, daß Sie wirklich gegen diese
Ämtertrennung sind, weil eine Schärfung des Profils der CDU und
damit verbundene bessere Wahlergebnisse in Ihrem eigenen Interesse liegen müssen, und weil die Idee der Ämtertrennung von

Ihnen selbst schon im Jahre 1971 entwickelt wurde. Sie haben
damals in vielen Interviews und Reden für diese Idee geworben,
weil, wie Sie damals wörtlich sagten, sonst "die Partei zu kurz
käme" und "weil die CDU als Partei in der Lage, in der sie sich
gegenwärtig befindet, die ungeteilte Kraft eines Vorsitzenden
braucht und nicht zum Anhängsel werden darf", und weil das Amt
des Parteivorsitzenden "den ganzen Mann erfordere". Das alles
gilt heute mehr denn je.

Ich habe damals Ihrer Forderung nach Ämtertrennung bei vielen
Gelegenheiten, auch in der Bundestagsfraktion zugestimmt und mich
für diese Strategie der zwei Wege ausgesprochen. Das Ziel dieser
von Ihnen erfundenen Strategie heißt jetzt wie damals: getrennt
kämpfen, vereint siegen.

Auch Außenminister Genscher hat seinen Parteivorsitz längst
abgegeben. Das hat seine Machtposition nicht geschwächt, sondern
gestärkt, weil er wie Sie in seiner Partei tief verwurzelt ist.

Ich halte ein weiteres für erforderlich: Sie müssen meines
Erachtens Ihr Kabinett nach der Sommerpause so schnell wie
möglich nicht nur in einigen wenigen Positionen, sondern
fundamental umbilden. Die Hälfte Ihrer Minister ist in der
Bevölkerung weithin unbekannt und sieht ihre Hauptaufgabe
offenbar nicht darin, Sie zu entlasten und offensiv Regierungs-
politik und Werbung für die Regierung zu betreiben, sondern
darin, die eigenen Ministerposten möglichst nicht durch irgend-
welche Aktivitäten zu gefährden. Mit grauen Mäusen, die nur an
ihren Ministersesseln kleben, sind aber keine Wahlen zu gewinnen.
Sie müssen hier aufräumen. Sie haben eine große Personalreserve
in der Fraktion, die über einen umfassenden Sachverstand verfügt.
Sie müssen sich mit Frauen und Männern umgeben, die Ihnen aus
Loyalität auch einmal widersprechen, und nicht nur mit Ja-Sagern.
Ich halte eine ganze Reihe, vor allem auch jüngere Kollegen aus
der Fraktion für ministrabel und für eindeutig besser quali-
fiziert als einen Teil der bisherigen Mannschaft.

Die Lage ist so ernst, daß Sie in Bonn die Zügel endlich straffer
in die Hand nehmen und mit mehr Dynamik führen müssen. Daß Sie
dies können, haben Sie in den schwierigen Auseinandersetzungen um
die Nachrüstung gezeigt. Damals haben Sie sich dem Zeitgeist ent-
gegengestellt und gezeigt, was mutige geistige Führung ist. Sie
haben damit ihr bestes Wahlergebnis erreicht. Unsere Bevölkerung
will diesen Helmut Kohl, der auch einmal auf den Tisch haut, der
führt, der Zukunftsperspektiven und Visionen aufzeigt.

Noch ein letzter Punkt: Sie sollten auch da meines Erachtens mehr
auf die CDU/CSU-Fraktion hören und mehr auf die CDU-Basis. Fraktion und Basis sind kerngesund und wissen besser, wo es lang
gehen muß als einige führende Politiker der Bundesregierung. Was
die Fraktion betrifft, ist es ohnehin nicht mehr länger hin-
nehmbar, daß sie bei den politischen Willensbildungsprozessen
ausgegrenzt und zur Abstimmungsmaschine degradiert wird.

Ich bin sicher, daß Sie Verständnis für die Offenheit haben
werden, mit der ich Ihnen meine Sorgen mitgeteilt habe. Bitte
nehmen Sie diese Offenheit als Zeichen meiner persönlichen
Solidarität mit Ihnen.

Damit sich unsere Politik zum Besseren wendet, werde ich
selbstverständlich meine kritischen Vorschläge auch in der
Öffentlichkeit zum Ausdruck zu bringen, so wie Sie Anfang der
70er Jahre zu Recht in den Medien für Ihre Idee der Ämtertrennung
geworben haben.

Ich wünsche mir, daß unsere Bevölkerung nach der Sommerpause
spürt, daß es in der CDU einen Ruck, einen Neubeginn gibt. Dann
werden wir es auch schaffen, daß Sie wieder Kanzler werden. Ich
persönlich wünsche es Ihnen von Herzen

Mit freundlichen Grüßen

Ihr

»Wiedervereinigungsvorbehalt«

In einem weiteren Brief vom 27. 10. 1988 bat
ich den Bundeskanzler, sich für einen völkerrechtlich verbindlichen Wiedervereinigungsvorbehalt im Vertragsentwurf zur Gründung
der Europäischen Union einzusetzen.

An den
Bundeskanzler der
Bundesrepublik Deutschland
Herrn Dr. Helmut Kohl
Bundeskanzleramt

5300 Bonn 1

Sehr geehrter Herr Bundeskanzler,

wenn meine Informationen zutreffen, wird sich der Unterausschuß
des Auswärtigen Ausschusses für Fragen der Europäischen Gemeinschaft Anfang Dezember in Brüssel unter anderem mit dem vom
Europäischen Parlament verabschiedeten Entwurf eines Vertrages
zur Gründung der Europäischen Union beschäftigen.

Ich habe mehrfach in Briefen an Sie, Fraktionsvorsitzenden Alfred
Dregger, Generalsekretär Heiner Geißler, sowie mündlich im Plenum
der Fraktion auf die Möglichkeit eines Widerspruchs zwischen dem
Wiedervereinigungsgebot des Grundgesetzes und den Bestrebungen
nach einem politischen Zusammenschluß Westeuropas hingewiesen.

Ich möchte Sie daher sehr herzlich und eindringlich bitten, sich
dafür zu verwenden, daß die Bundesrepublik Deutschland zumindest
einen völkerrechtlich verbindlichen Vorbehalt anmeldet, der
sicherstellt, daß durch die Gründung der Europäischen Union und
erst Recht durch die Gründung eines Westeuropäischen

- 2 -

Bundesstaates die Wiedervereinigung möglich bleibt und in keiner
Weise behindert wird. Die Klausel muß der Bundesrepublik Deutschland das Recht offenhalten, im Falle einer Wiedervereinigung frei
und alleine zu entscheiden, ob sie zusammen mit den anderen Teilen Deutschlands als wiedervereinigtes Deutschland Mitglied der
Europäischen Union oder des Westeuropäischen Bundesstaates bleiben will oder ob sie zum Zwecke der Wiedervereinigung austreten
will.

Nach meiner Auffassung ist der Vertragsentwurf in seiner jetzigen
Form nach unserem Grundgesetz verfassungswidrig, weil er dem Wiedervereinigungsgebot nicht ausreichend Rechnung trägt.

Eine Hinnahme des jetzigen Vertragstextes würde die Wiedervereinigung ein für alle mal an die Zustimmung unserer westeuropäischen
Nachbarn binden und damit den Deutschen die alleinige Entscheidung über eine Wiedervereinigung Deutschlands aus der Hand nehmen.

Das widerspricht eindeutig der Rechtsprechung des Bundesverfassungsgerichts, das in seiner Entscheidung zum Grundlagenvertrag aus dem Wiedervereinigungsgebot des Grundgesetzes an
mehreren Stellen zu Recht gefolgert hat, die Bundesrepublik
Deutschland müsse rechtlich a l l e i n Herr der Entscheidung
über den Zusammenschluß beider Teile Deutschlands bleiben;
deshalb verbiete das Grundgesetz, daß sie sich vertraglich in
eine Abhängigkeit begebe, nach der sie rechtlich nicht mehr
allein, sondern nur noch im Einverständnis mit Dritten die
Wiedervereinigung verwirklichen könne.

Genau in eine derartige Abhängigkeit kämen wir jedoch durch den
jetzigen Vertrag, da ein Beitrittsverfahren die Zustimmung aller
Mitgliedsstaaten erfordert.

Auch die sogenannte Hallstein-Erklärung zu den Römischen
Verträgen reicht nicht aus, um eine spätere Wiedervereinigung
doch noch zu ermöglichen. Der Vertragsentwurf des Europäischen
Parlaments sieht in Art. 86 Satz 2 lediglich vor, daß bisher
vorgetragene Erklärungen der Mitgliedstaaten beibehalten werden
können.

- 3 -

Das bedeutet zwar, daß alle Erklärungen und Vorbehalte der
Bundesregierung zu den Römischen Verträgen völkerrechtlich weiter
gelten. Das gilt folglich auch für die Hallstein-Erklärung vom
28.02.1957, wonach im Falle der Wiedervereinigung Deutschlands
eine "Überprüfung der Verträge über den Gemeinsamen Markt
stattfinden kann". Völkerrechtlich hält diese Erklärung schon
nach ihrem Wortlaut den Weg zur Wiedervereinigung nach einem
Beitritt zur Europäischen Union oder zu einem Westeuropäischen
Bundesstaat jedoch nicht offen. Denn was geschieht, wenn von
unseren westeuropäischen Freunden zur Wiedervereinigung
unterschiedliche Auffassungen vertreten werden? Dann könnte jeder
einzelne westeuropäische Staat die Wiedervereinigung blockieren.

Ich halte es für unverantwortlich, sich in einer so wichtigen
Frage auf eine derartig unpräzise Formel wie die Hallstein-Formel
abzustützen, die nach Hallsteins eigenen Worten nicht einmal die
Qualität eines formellen Vorbehalts hat.

Auch sonst steht nirgendwo in dem Vertragsentwurf des
Europäischen Parlaments, daß es a l l e i n Angelegenheit der
Bundesrepublik Deutschland und nicht anderer westeuropäischer
Staaten ist, im Falle einer Wiedervereinigung über einen Verbleib
in der Europäischen Union unter Einschluß weiterer Teile
Deutschlands oder über einen Austritt zum Zwecke der
Wiedervereinigung zu entscheiden.

Unser Land ist also dabei, sich in vertragliche Abhängigkeiten zu
begeben, die eine Wiedervereinigung nur noch mit Zustimmung der
Vertragspartner ermöglichen würde. Genau das aber ist nach der
Rechtsprechung des Bundesverfassungsgerichts verfassungswidrig.

Im übrigen sollten wir nicht vergessen, daß es hier nicht nur um
Fragen des Völkerrechts, sondern um das Selbstbestimmungsrechts
der Deutschen geht. Die Wiedervereinigung Deutschlands darf
niemals von der Zustimmung oder vom Wohlwollen anderer Staaten

- 4 -

abhängen. Kein Volk dieser Welt, das nur einen Funken
Vaterlandsliebe im Leibe hat, würde die Ausübung seines
Selbstbestimmungsrechts an die Zustimmung seiner Nachbarn oder
Partner binden. Wir haben nicht weniger Rechte als andere Staaten
dieser Erde.

Aus den genannten Gründen bitte ich Sie, sehr geehrter Herr
Bundeskanzler, nochmals, zumindest auf einer wasserdichten
Vorbehaltsklausel zugunsten der Wiedervereinigung zu bestehen.

Ich danke Ihnen vorab sehr herzlich für Ihre Bemühungen.

Mit freundlichen Grüßen
Ihr

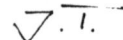

»Geistige Wende«

In der Sitzung der CDU/CSU-Bundestags-
fraktion am 14. 2. 1989 mahnte ich (auf der
Grundlage des folgenden Redemanuskripts)
die geistige Wende an und forderte eine Beendigung der schleichenden Bewegung der
CDU nach links.

Mit zwei Dritteln der Politik der CDU können wir alle sehr zufrieden sein. Aber es gibt auch ein Drittel, das dringend korrekturbedürftig ist:

1. Die Bevölkerung wartet noch immer auf die viel versprochene geistige Wende. Die Bevölkerung erwartet, daß die CDU wieder die Partei einer klaren Wertordnung wird und nicht die Partei des linken Zeitgeistes.

   Die Bevölkerung und gerade junge Menschen erwarten, daß Werte wie

   > Mitmenschlichkeit,
   > Fleiß und Ehrlichkeit,
   > Zivilcourage und Treue,
   > Fairneß und Toleranz,
   > Sinn für das Gemeinwohl und auch Vaterlandsliebe

   für die Menschen unseres Landes wieder zu Leitbildern werden. Wir brauchen wieder Ideale, Visionen und Zukunftsperspektiven.

2. Wir sollten offensiver für eine operative und nicht nur deklamatorische Wiedervereinigungspolitik eintreten. Das ist keine altmodische, sondern eine progressive Forderung. Einige führende Politiker, die sich fast täglich für das Selbstbestimmungsrecht Chiles oder Südafrikas einsetzen, sollten sich endlich einmal mit demselben Nachdruck für das Selbstbestimmungsrecht der Deutschen einsetzen.

3. Die CDU muß in der Außenpolitik wieder zur Partei der Sicherheit werden. Es ist unverantwortlich, die SPD in den Fragen der Abrüstungspolitik links überholen zu wollen. Wir werden das übrigens auch nie schaffen. Wir haben in der Verteidigungs- und in der Abrüstungspolitik durch ständige Anpassung an den sogenannten Zeitgeist die öffentliche Meinungsführerschaft inzwischen längst verloren.

4. Die CDU muß nach ihren unbestreitbar großen Erfolgen in der
   Wirtschaftspolitik auch wieder die Partei der finanziellen So-
   lidität werden. Der Versuch, die SPD im Verteilen nichtbezahl-
   ter sozialer Leistungen zu übertreffen, ist unseriös und
   nicht zu verantworten.

5. Die CDU muß durch nationale Hilfen auch unseren Landwirten
   für ihre lebenswichtige Arbeit für unseren Staat wieder ein
   gerechtes Einkommen sichern und ihnen klare Zukunftsperspektiven aufzeigen.

6. Wir müssen auch in der Abtreibungsfrage endlich Farbe bekennen.

   Wir haben starke Tierschutzverbände - Millionen demonstrieren
   für den Umweltschutz: sehr gut!

   Wer aber demonstriert für die 200.000 getöteten ungeborenen
   Kinder pro Jahr? Niemand. Das ist der moralische Skandal unserer Gesellschaft. Eine Versuchsmaus ist heute stärker geschützt als ein drei Monate altes ungeborenes Kind.

   Wir sollten endlich den Mut aufbringen, ein Normenkontrollverfahren vor dem Bundesverfassungsgericht zur Überprüfung der
   augenblicklichen Abtreibungspraxis einzuleiten. Wenn uns dazu
   der Mut fehlt, können wir einpacken.

7. Ich fordere die Gleichberechtigung für die erziehende nichtbe-
   rufstätige Mutter gegenüber der nichterziehenden berufstätigen Frau - Gleichberechtigung nicht mehr und nicht weniger.

Die neue Familienministerin macht jedoch genau das Gegenteil:
Sie fordert, die "Glorifizierung der Mütter" müsse aufhören.

Sie hat mit diesem Satz und einigen ähnlichen Sätzen Hunderttausenden erziehenden Müttern voll ins Gesicht geschlagen. Das
ist reine SPD-Politik. Ich werde diese Konzession an den
sogenannten Zeitgeist nicht mittragen.

8. Asylpolitik:
Vorschläge vom Wochenende positiv, aber noch nicht
ausreichend:

Die angepeilten zwei Jahre bis zum Abschluß des Gerichtsver-
fahrens sind viel zu lang.
48 Stunden reichen nicht nur für das Verwaltungsverfahren,
sondern auch für das Gerichtsverfahren (vor allem bei Türken,
Jugoslawen und Polen - vgl. e.V.).

Für mich ist Ausländerhaß krimineller Schwachsinn, aber es
ist auch Schwachsinn, in dieser Frage nicht das Notwendige zu
tun.

Ich habe die CDU seit Jahren davor gewarnt, dem sogenannten Zeitgeist hinterherzulaufen und das politische Koordinatenkreuz immer
weiter nach links zu verschieben. Ich und viele andere Kollegen
haben öffentlich immer gesagt: Für jeden Wähler, den die CDU
durch eine Öffnung nach links aus dem linken Spektrum gewinnt,
wird sie zehn Wähler aus dem konservativen Bereich verlieren.

Die CDU-Führung und insbesondere der Generalsekretär können daher
nicht sagen, sie seien nicht gewarnt worden.

In 13 Landtagswahlen seit der Regierungsübernahme hat die CDU
durchschnittlich fast sechs Prozent verloren. Der Generalsekretär
hat nach jeder Wahl eine Ausrede gehabt. Meistens waren die Bauern schuld oder Franz-Josef Strauß.

Aber jetzt gibt es Franz-Josef Strauß nicht mehr und in Berlin
gibt es auch nur sehr wenige Bauern (mit Strauß Berlin besser).

Die Gründe für die schweren Verluste der CDU liegen viel tiefer:

Sie liegen

- im Verzicht auf wirkliche geistige Führung,

- in der opportunistischen Anpassung an den linken
  Zeitgeist und

- in der Vernachlässigung traditioneller konservativer
  Positionen.

Ich fordere als Konsequenz aus diesen Wahlergebnissen keinen
Rechtsruck. Aber ich fordere eine Beendigung der schleichenden Bewegung nach links.

Natürlich brauchen wir einen sozialen Flügel mit Politikern wie
Blüm oder Süssmuth und einen progressiv-liberalen Flügel mit Politikern wie Wissmann oder Leisler Kiep. Aber wir brauchen auch einen starken konservativ-nationalen Flügel.

Herr Generalsekretär, Sie haben einfach nicht das Recht, den konservativen Teil der Bevölkerung weiter so zu vernachlässigen, wie
Sie das in den letzten Jahren getan haben. Das hieße, den koserva-
tiven Teil unserer Bevölkerung kampflos den Republikanern überlassen.

Ich kann die CDU-Führung und ihren Generalsekretär zu dieser Kurskorrektur nicht zwingen. Aber ich möchte hier und heute zu
Protokoll geben: Wenn der Kurs der CDU nicht korrigiert wird und
wir die nächste Bundestagswahl verlieren, tragen Sie die Verantwortung dafür.

Ich glaube, daß wir das Ruder jetzt noch herumreißen können, aber
dazu reichen neue Verpackungen nicht aus. Die Inhalte müssen wieder stimmen.

»Aktive Wiedervereinigungspolitik«

In einem Brief an Generalsekretär Geißler
vom 15. 3. 1988 warnte ich vor der drohenden
Preisgabe der deutschlandpolitischen Positionen der CDU und forderte eine aktive Wiedervereinigungspolitik der Bundesregierung.

Dr. Jürgen Todenhöfer
Mitglied des Deutschen Bundestages

5300 Bonn 1, 15.03.1988
Bundeshaus
Tel. (0228) 16 31 53
Die Wahl dieser Rufnummer vermittelt den
gewünschten Hausanschluß.
Kommt ein Anschluß nicht zustande, bitte
Nr. 161 (Bundeshaus-Vermittlung) anrufen.

An den
Generalsekretär der Christlich-
Demokratischen Union Deutschlands
Herrn Dr. Heiner Geißler, MdB
Konrad-Adenauer-Haus

5300 Bonn 1

Sehr geehrter Herr Generalsekretär,

ich danke Ihnen für Ihr Schreiben vom 19. Februar 1988. Ich weiß
nicht, ob dem Bundesminister für innerdeutsche Beziehungen, Frau
Dr. Wilms, und der CDU-Kommission, die das Papier zur Außen- und
Deutschlandpolitik entworfen hat, die gesamte Tragweite ihrer
Äußerungen für unser Land und für unsere Partei bewußt ist.

Daher möchte ich Ihnen in großer Sorge nochmals meine grundsätz-
lichen Vorbehalte gegenüber der geplanten Preisgabe unserer bisherigen deutschlandpolitischen Positionen vortragen:

I. 1. Alle deutschen Politiker haben die Pflicht, sich aktiv für die
Wiedervereinigung einzusetzen. Kein deutscher Politiker hat
das Recht, zur Teilung Deutschlands zu schweigen. Schon die
Mauer und die systematische Mißachtung der Menschenrechte zwingt
uns zum Handeln. Die heutige Generation hat die Generation ihrer
Eltern häufig gefragt: Warum habt ihr nicht mehr gegen die Diktatur und das Unrecht im Dritten Reich unternommen? Die kommenden
Generationen werden uns fragen, was wir unternommen haben, um
Mauer, Stacheldraht und Schießbefehl und die ständige Verletzung
der fundamentalen Menschenrechte im anderen Teil Deutschlands zu
verhindern. Sie werden uns fragen, was wir für die Wiedervereinigung unseres Landes getan haben. Soll die nächste Generation -
wieder einmal - fragen, warum wir geschwiegen haben?

- 2 -

Wir haben tiefgreifende moralische Verpflichtungen gegenüber
unseren Landsleuten in der DDR, die nicht die Möglichkeit haben,
ihren Wunsch nach Wiedervereinigung selbst politisch zu artikulieren und Schritte zu seiner Realisierung zu unternehmen. Es
ist moralisch beschämend, mit welcher Gleichgültigkeit führende
Politiker der Bundesrepublik Deutschland über den Wiederverei-
nigungswillen der Deutschen hinweggehen. Für die Menschenrechte
in Afrika, Lateinamerika und Asien kämpfen sie. Zu den schwerwiegenden Menschenrechtsverletzungen im anderen Teil Deutschlands
jedoch schweigen sie.

Wann hat Außenminister Genscher eigentlich das letzte Mal seiner
Pflicht aus der Präambel des Grundgesetzes genügt und aktiv etwas
für die Wiedervereinigung getan? Wann hat er das letzte Mal einen
Wiedervereinigungsplan ausgearbeitet und vorgelegt?

2. Es ist schwer vorstellbar, daß andere Völker sich ähnlich verhalten
   würden. Manchmal sollten wir Deutsche uns in nationalen Fragen
   andere Länder zum Vorbild nehmen und etwas von ihnen lernen. Man
   denke an die Franzosen, die Engländer oder die US-Amerikaner. Sie
   würden im Falle einer erzwungenen Teilung ihrer Hauptstädte und
   ihres Landes durch Mauer und Stacheldraht mit absoluter Sicherheit
   immer wieder auf den erzwungenen Zustand hinweisen und seine
   Beseitigung fordern. Niemand könnte und würde ihnen einen über-
   triebenen Nationalismus vorwerfen. Die Polen haben ihr Land nie
   verloren gegeben, die Franzosen nie Elsaß-Lothringen.

3. Die Zurückhaltung der meisten deutschen Politiker in der Frage der
   Wiedervereinigung entspricht auch nicht dem ausdrücklichen Gebot
   des Grundgesetzes. Nach der Präambel des Grundgesetzes, die nicht
   nur politische, sondern vor allem auch rechtliche Bedeutung hat,
   haben alle Staatsorgane die Pflicht, sich für die Wiedervereinigung
   aktiv einzusetzen. Das Bundesverfassungsgericht fordert mit großem
   Nachdruck:"Alle politischen Staatsorgane haben die Rechtspflicht,

die Einheit Deutschlands mit   a l l e n   K r ä f t e n
a n z u s t r e b e n .   Sie müssen ihre Maßnahmen auf dieses Ziel
ausrichten, insbesondere alles unterlassen, was die Wiedervereinigung
rechtlich hindert oder faktisch unmöglich macht." Das schließt
nach der Auffassung des Bundesverfassungsgerichts "die Forderung
ein, den Wiedervereinigungsanspruch im Innern wachzuhalten und nach
außen beharrlich zu vertreten." (BverfGE 5,85 und 36,1)

Die Wiedervereinigung ist folglich ein fundamentales Staatsgebot
und muß deshalb neben der Sicherung von Frieden und Freiheit vorrangige Aufgabe unserer Außen- und Deutschlandpolitik sein.

4. Deutschland besteht in den Grenzen von 1937 rechtlich fort. Daran
konnte und kann die nach 1945 zwangsweise erfolgte Teilung nichts
ändern. Die Existenz von zwei Staaten auf deutschem Boden ist eine
erzwungene Folge der Teilung, eine Notlösung zur Erfüllung staatlicher Aufgaben. Daran hat auch der Grundlagenvertrag zwischen
der Bundesrepublik Deutschland und der DDR nichts geändert. Die
Deutschen in der DDR sind genauso Deutsche wie die diesseits der
Mauer. Ein durch gemeinsame Geschichte, Kultur und Sprache verbun-
denes Volk verliert auch durch gewaltsame Trennung nicht seinen
Charakter als eine Nation.

In beiden Staaten haben sich allerdings über vier Jahrzehnte hinweg
völlig unterschiedliche Gesellschafts-, Rechts- und Wirtschafts-
ordnungen entwickelt. Bei einer Zusammenführung in einen Nationalstaat könnte dies je nach geschichtlicher Konstellation zu Schwie-
rigkeiten führen. Dieses Problem könnte jedoch durch die Schaffung
von Übergangs- oder Stufenlösungen, zum Beispiel in Form eines Bundesstaates oder eines Staatenbundes, gelöst werden. Das eigentliche Ziel
bleibt jedoch die Wiederherstellung des Nationalstaates durch Wiedervereinigung - wenn möglich in einem geeinten Europa.

5. Es ist politisch unklug, immer wieder darauf hinzuweisen, die
Wiedervereinigung sei auf absehbare Zeit oder derzeit nicht zu
realisieren. Die Teilung besteht seit über 40 Jahren. Was jedoch
sind 40 Jahre in der europäischen Geschichte? Die Teilung wird
vielleicht in allernächster Zeit nicht zu überwinden sein. Aber
man darf das Ziel nicht aus den Augen verlieren und sollte nicht
völlig unnötig immer wieder betonen, in überschaubarer Zeit sei
die Wiedervereinigung nicht möglich. Das kann sehr wohl als ein
Verstoß gegen den Verfassungsauftrag verstanden werden. Nicht
umsonst hat das Grundgesetz das Gebot der Wiedervereinigung an die
Spitze gestellt. Die politische Lage kann sich ändern. Die Geschichte
Deutschlands und auch die Geschichte Europas haben dies immer wieder
gezeigt. Die Geschichte hat mehr Phantasie als die meisten Politiker
unseres Landes.

Natürlich ist es außerordentlich fraglich, ob unsere Nachbarn in
Ost und West angesichts ihrer eigenen nationalen Interessen
z u r   Z e i t   überhaupt ein Interesse an einer Wiedervereinigung
unseres Volkes haben. Ein politisch schwaches Deutschland ist vielen,
auch westlichen Politikern lieber als ein politisch starkes Deutschland. Als deutscher Politiker hat man jedoch nicht das Recht, vor
diesen Tatsachen zu resignieren.

Ob die führenden Politiker im Westen und ganz besonders im Osten
die Teilung Europas und Deutschlands als   D a u e r z u s t a n d
und damit als Dauerkrisenherd mit all seinen negativen Auswirkungen
für erstrebenswert und beibehaltenswert erachten, ist eine ganz
andere Frage.

Die Zeiten ändern sich und mit ihnen die politischen Konstellationen.
Aus zweckbedingten Freunden werden Gegner, Bündnisse verlieren
ihren Sinn. Bei einer nüchternen Kosten-Nutzen-Analyse könnte
Generalsekretär Gorbatschow durchaus sehr bald zu dem Ergebnis

kommen, daß die Teilung der Welt in zwei Blöcke und die Teilung
Deutschlands Dauerkrisenherde sind, deren Fortbestand auch für
die Sowjetunion nicht sinnvoll sein kann sowohl aus außenpolitischen als auch aus wirtschaftspolitischen Gründen.

6. Das Streben nach deutscher Einheit ist auch kein Hindernis für
die Erhaltung des Friedens in Europa, wie manche behaupten - im
Gegenteil. Es ist die Teilung Europas und Deutschlands, die den
Frieden in Europa und den Weltfrieden am massivsten gefährdet.
Sie ist auch die Ursache der Hochrüstung in Ost und West. Gorbatschow
weiß dies wahrscheinlich besser als mancher westliche Staatschef.

Der überwiegende Teil der Bevölkerung Deutschlands denkt im übrigen
offenbar völlig anders als die meisten Politiker der Bundesrepublik
Deutschland. Die lange Trennung und die unterschiedliche Entwicklung
beider Staaten haben in der Bevölkerung das Gefühl und den Willen
zum Zusammenleben nicht negativ beeinflussen können.

Die Wiedervereinigung hat in Deutschland auch heute noch einen
überdurchschnittlich hohen Symphatiewert. Diese Feststellung wird
vor allem durch repräsentative Umfragen der letzten fünf Jahre
bestätigt. Nach dem Allensbacher Institut (Umfrage 1987) ist die
deutsche Einheit "ein Ziel, das in der Bevölkerung in hohem Maße
akzeptiert ist" ("für 67 Prozent positiv, für 15 Prozent negativ").
Besonders bemerkenswert ist bei diesen Feststellungen, daß die Zahl
der Befürworter eine steigende Tendenz hat.

Nach internen Meinungsumfragen in der DDR - durch das dortige
Regime zum Eigengebrauch durchgeführt - ist der Wille zur Wiedervereinigung in der DDR sogar noch ausgeprägter als in der Bundesrepublik Deutschland.

II. Vor diesem Hintergrund der <u>Verpflichtung,</u> "die Einheit Deutschlands
    m i t   a l l e n   K r ä f t e n   anzustreben" (BverGE 5,85),
    sind die jüngsten Vorschläge des Bundesministers für innerdeutsche
    Beziehungen, Frau Dr. Wilms, in Paris und der Kommission des Bundes-
    vorstandes der CDU zur Außen- und Deutschlandpolitik moralisch,
    politisch und verfassungsrechtlich nicht vertretbar.

1. <u>Die Aussage von Frau Wilms in Paris, der deutsche Nationalstaat
   um seiner selbst willen sei weder Auftrag des Grundgesetzes noch
   entspreche dies unserem politischen Bewußtsein, ist mit dem Grundgesetz nicht in Einklang zu bringen.</u> Unzweifelhaft gibt es keine
   einheitliche, bestimmte Lösung für die friedliche Überwindung der
   Teilung Deutschlands. Das ist schon deshalb nicht möglich, weil
   die Teilung nicht durch einseitige Handlungen der Bundesrepublik
   Deutschland behoben werden kann. Man wird dem Verfassungsauftrag
   jedoch nur gerecht, wenn man alle legalen Möglichkeiten für seine
   Erfüllung offenhält. Es ist kein vernünftiger Grund ersichtlich,
   weshalb dazu nicht auch die Wiederherstellung des deutschen Nationalstaates gehören soll. Maßgeblich ist auch hier die Präambel
   des Grundgesetzes, in der es unmißverständlich heißt: "... von
   dem Willen beseelt, seine nationale und staatliche Einheit zu
   wahren". Das ist der Kern des Auftrags. Das Streben nach einem
   Nationalstaat kann folglich auch für uns Deutsche kein Urecht
   sein.

   Bei den zur Zeit rund 150 auf der Welt existierenden Staaten
   handelt es sich durchweg um Nationalstaaten. Auch die deutsche
   Nation hat das Recht, in einem Nationalstaat zu leben. Wir
   haben nicht weniger Rechte als die anderen Staaten dieser Welt.

- 7 -

2. Die Äußerungen von Frau Wilms in Paris, "die Teilung Europas muß überwunden werden, soll auch die deutsche Teilung ein Ende finden," wird ebenfalls nicht vom Grundgesetz mitgetragen. Natürlich stehen sowohl die deutsche Teilung wie die Teilung Europas in engem Zusammenhang mit dem Ost-West-Konflikt. Die Spaltung Europas hat letztlich die gleichen Ursachen wie die Spaltung Deutschlands. Man kann daher auch nicht bestreiten, daß die derzeitige Teilung Europas für eine Wiedervereinigung nicht gerade förderlich ist.

Die Präambel spricht sowohl vom Gebot der Wiedervereinigung als auch von einem vereinten Europa mit Deutschland als gleichberechtigtem Glied. Das wirft die Frage auf, in welchem Verhältnis beide Gebote zueinander stehen. Aus dem Grundgesetz ergibt sich eindeutig, daß das Grundgesetz sich lediglich als Ü b e r g a n g s o r d n u n g zur Wiederherstellung der staatlichen Einheit Deutschlands - und nicht etwa als Übergangsordnung zur Einigung Europas - versteht. Schon daraus ergibt sich ein eindeutiger Vorrang des Verfassungs-auftrags zur Wiedervereinigung vor dem zusätzlich erstrebenswerten Ziel der europäischen Einigung.

Falls sich eines Tages die Chance zur Wiedervereinigung ergibt, können wir sie doch nicht deshalb ausschlagen, nur weil Europa möglicherweise noch nicht vereinigt ist.

Es ist daher eine Fehlinterpretation des Grundgesetzes, die Wiedervereinigung dem Ziel der Einheit Europas unterzuordnen, wie Frau Wilms das tut.

3. Aus der Tatsache, daß der Verfassungauftrag der Wiedervereinigung nicht durch andere Ziele verdrängt werden kann, ergibt sich auch die Antwort auf eine weitere Frage, ob nämlich die Eingliederung der Bundesrepublik Deutschland ohne die DDR (!) in einen politisch geeinten w e s t e u r o p ä i s c h e n B u n d e s s t a a t gegen das Gebot der Wiedervereinigung verstoßen würde. Das ist eindeutig zu bejahen, denn sie würde die Wiedervereinigung erschweren.

- 8 -

Die Realisierung des im Grundgesetz verankerten zwingenden Ver-
fassungsgebots der Wiedervereinigung begrenzt den Entscheidungs-
spielraum einer auf andere Ziele gerichteten Politik. Die DDR
ist Teil Gesamtdeutschlands, sie darf nicht ausgeschlossen werden.

4. Die Äußerungen von Frau Wilms, die Wiedervereinigung sei auf einen
   Zeitpunkt jenseits des politischen Zeithorizonts verschoben, ist
   nicht nur politisch außerordentlich unklug, sondern auch verfassungsrechtlich bedenklich. Die Ministerin erweckt damit den Eindruck,
   als habe sie die Wiedervereinigung als realistisches politisches
   Ziel bereits abgeschrieben. Das aber widerspricht ihrer Pflicht
   zu aktivem Eintreten für die Wiedervereinigung und ihrer Verpflichtung, sie "nach außen beharrlich zu vertreten".

III.
Wer gehofft hatte, der Kommissionsentwurf des Bundesvorstandes der
CDU zur Außen- und Deutschlandpolitik würde die Äußerungen des Ministers für innerdeutsche Beziehungen, Frau Dr. Wilms, zurechtrücken,
mußte sich bitter getäuscht sehen. Der Kommissionsentwurf rückt
die Äußerungen von Frau Wilms nicht zurecht, er beinhaltet vielmehr noch deutlichere Verstöße gegen das Wiedervereinigungsgebot des
Grundgesetzes.

1. In dem 39seitigen Kommissionspapier taucht das Wort Wiedervereinigung nicht ein einziges Mal mehr auf. Das ist offenbar kein
   verbales Versehen, sondern ein bewußtes politisches Signal.

2. Die Ansicht der Autoren des Kommissionspapiers, das Ziel der deutschen Einheit sei nur im Einverständnis mit unseren Nachbarn in
   Ost und West zu erreichen, ist unzutreffend. Kein Volk dieser
   Welt, das nur einen Funken Vaterlandsliebe im Leibe hat, würde
   die Ausübung seines Selbstbestimmungsrechts an die Zustimmung
   seiner Nachbarn binden. Die Entscheidung über unsere nationale
   Einheit ist von uns selbst zu treffen und bedarf nicht der gnä-
   digen oder wohlwollenden Zustimmung Dritter.

Natürlich muß man Realist genug sein, um zu wissen, daß wir gegen
den Willen unserer Verbündeten eine Wiedervereinigung nicht er-
zwingen können. Aber das ist noch lange kein Grund, sich freiwillig
und offiziell der Zustimmung Dritter zu unterwerfen.

3. Obwohl ich es bereits in meinem Brief an Sie vom 16. Februar 1988
   getan habe, will ich an dieser Stelle nochmals darauf hinweisen,
   daß ich die Ausführungen des Kommissionspapiers zur Frage von
   Kontakten zwischen dem Deutschen Bundestag und der Volkskammer der
   DDR für unakzeptabel halte. Es ist rabulistisch, wenn - wie dies
   teilweise öffentlich geschieht - argumentiert wird: Wer den unge-
   wählten Honecker in allen Ehren empfängt, kann der Volkskammer
   nicht länger vorwerfen, kein frei gewähltes Parlament zu sein.
   Man kann über die äußere Gestaltung des Empfangs von Honecker in
   der Bundesrepublik Deutschland sehr wohl unterschiedlicher Auffassung sein. Man kann jedoch Erleichterungen für unsere Mitbürger
   in der DDR, die Aufrechterhaltung von Kontakten und ihre weitere
   Förderung leider nur über das DDR-Regime und letztlich nur über
   dessen maßgeblichen Mann erreichen. Das ist nun einmal Honecker.
   Er ist zwar ebenso wie die Volkskammer nicht frei und nach demokratischen Spielregeln gewählt worden - er ist überhaupt nie "gewählt
   worden", aber er hat nun einmal leider das Sagen.

Die Volkskammer hat dagegen nur die Aufgabe, die Entscheidungen
Honeckers und des Zentralkomitees mit Beifall einstimmig zur
Kenntnis zu nehmen. Darin liegt ein gravierender Unterschied.

Dennoch lehnt die CDU in ihrem Kommissionsentwurf Kontakte zur
Volkskammer nicht mehr wie früher grundsätzlich ab. Sie meint,
diese kämen unter der Voraussetzung von Verbesserungen für West-
Berlin in Frage. Das bedeutet eine völlig überflüssige Aufwertung
des diktatorischen Unrechtsystems der DDR und gibt der Scheindemo-
kratie DDR den Anschein demokratischer Legitimität.

Solange Mauer, Stacheldraht und Schießbefehl fortbestehen und die
fundamentalen Menschenrechte in der DDR täglich mit Füßen getreten
werden, sollten wir in der Frage der Aufnahme von Kontakten
zwischen der Volkskammer der DDR und dem Deutschen Bundestag weiterhin allergrößte Zurückhaltung üben.

Das häufig von Befürwortern derartiger Kontakte ins Feld geführte
Argument, der Deutsche Bundestag unterhalte auch mit anderen Schein-
parlamenten Kontakte, ist nicht überzeugend. Erstens ist es in der
Tat problematisch, ob der freigewählte Deutsche Bundestag mit Schein-
parlamenten offizielle Kontakte halten sollte. Selbst wenn man
jedoch diese Frage bejahen sollte, haben wir gegenüber den Deutschen
in der DDR ganz andere und erheblich weitergehende Verpflichtungen
als gegenüber den Menschen in anderen Teilen der Welt. Das gleiche
gilt natürlich auch im Blick auf den von Ihnen angesprochenen
Beschluß des Europäischen Parlaments, offizielle Kontakte mit der
DDR-Volkskammer aufzunehmen.

Im übrigen entsprechen die Kontakte zwischen der Volkskammer der
DDR und dem Deutschen Bundestag nicht dem Sondercharakter der
Beziehungen zwischen der Bundesrepublik Deutschland und der DDR.
Sie würden damit den ohnehin schon bestehenden grundgesetzwidrigen
Trend zur völkerrechtlichen Aufwertung der DDR verstärken. Die
CDU sollte in dieser Frage nicht den Herren Bahr und Ehmke hinter-
herlaufen.

IV.

Die CDU wäre daher gut beraten, wenn sie das Kommissionspapier voll-
ständig zurückziehen würde, und wenn sie zur Vermeidung von Mißver-
ständnissen und Fehlinterpretationen auf dem Bundesparteitag im
Juni klar herausstellen würde,

- daß das unerschütterliche Bekenntnis zur Wiedervereinigung
  ihr unabänderliches Ziel ist,

- daß die Wiedervereinigung für sie nicht, wie Frau Wilms meint,
  auf einen Zeitpunkt jenseits des politischen Zeithorizonts
  verschoben wird und

- daß Deutschland rechtlich in den Grenzen von 1937 fortbesteht.

In all diesen Punkten besteht die Verpflichtung zu absoluter
Klarheit und Eindeutigkeit. Die gesamte Richtung des jetzigen
Papiers stimmt nicht. Das Papier ist nicht <u>aktiv</u> auf die Wiedervereinigung ausgerichtet, sondern im Gegenteil auf eine De-facto-Aufgabe
einer aktiven Wiedervereinigungspolitik. Es verstößt damit gegen
die Präambel des Grundgesetzes.

Ein klärendes Wort von Ihnen und von unserem Parteivorsitzenden ist
daher dringend geboten. Die Teilung Deutschlands darf und wird kein
Dauerzustand sein. Die Geschichte wird ein vernichtendes Urteil über
all jene fällen, die sich ihrer Verantwortung für Deutschland durch
Schweigen oder durch beschwichtigende Papiere entzogen haben.

Mit freundlichen Grüßen

$\mathcal{J}T.$

(Dr. Jürgen Todenhöfer)

Brücken in die Gegenwart

Wenn ein prominenter Sozialdemokrat, noch dazu ein Vertreter des sogenannten „Schumacher-Flügels", der seit mehr als zwanzig Jahren als Oberbürgermeister Würzburgs in politischer Verantwortung steht, sich an eine schwierige Jugend in Deutschland erinnert, dann kann er großer Aufmerksamkeit gewiß sein. Geboren auf dem Höhepunkt der Weltwirtschaftskrise, verfügt Zeitler noch über familiäre Erinnerungen an die Endzeit der Weimarer Republik. Als „Pimpf" und „Hitlerjunge" teilte er dann Erfahrungen und Schicksal von Millionen anderen Deutschen. Den Krieg an der Heimatfront und den Zusammenbruch des Dritten Reiches erlebte er hautnah in Potsdam und Berlin.

Die Aufbruchstimmung für die Demokratie, die nach 1945 viele junge Menschen erfaßte, riß auch ihn mit, das Braunhemd wurde schnell mit dem roten Halstuch des sowjetzonalen Jugendverbandes vertauscht. Doch das erste Interesse an der sozialistischen Spielart demokratischen Aufbaus wich bald der Ernüchterung. Zeitler geriet vorübergehend in sowjetische Haft. Sein Vater, einst Bürgermeister von Erfurt, kam im sowjetischen Konzentrationslager Sachsenhausen um. Das Besondere an dem Buch: Der Autor erzählt nicht nur wahrheitsgemäß deutsche Geschichte, sondern er reflektiert die historische Erfahrung und schlägt damit Brücken in die Gegenwart. Frei von Besserwisserei und Anklagehaltung, ist das Buch getragen von tiefem Verständnis für das Schicksal zweier Generationen und von der Liebe zu den Menschen im geteilten Deutschland.

Klaus Zeitler
Jahrgang 1929
Eine Jugend in Deutschland...
ca. 320 S./DM 34,–

ISBN 3-927491-14-4

40 Jahre Abenteuer DDR

Bestseller-Autor und DDR-Experte Wolfgang Venohr kennt sich aus im anderen Teil Deutschlands: Als erster westdeutscher Journalist durfte er 1969 für ARD und ZDF Fernsehreportagen in der DDR drehen. Er wurde dafür mehrfach mit Fernsehpreisen ausgezeichnet. Jetzt hat er alle seine Kenntnisse und Erfahrungen, die er in vier Jahrzehnten über die DDR sammeln konnte, in seinem neuesten Buch zusammengefaßt. Der Autor erzählt von den Preußen und Sachsen, den Thüringern und Mecklenburgern unter der roten Herrschaft. „Die roten Preußen", das ist der packende, ehrliche und kompetente Bericht über 40 Jahre DDR. Ein neues Erfolgsbuch nach „Preußische Profile" und „Fridericus Rex".

Wolfgang Venohr
Die roten Preußen
Vom wundersamen Aufstieg der DDR in Deutschland
360 Seiten, 3 Karten
gebunden, mit Schutzumschlag
DM 38,–

ISBN 3-927491-00-4